Claus Christian Malzahn

ÜBER MAUERN

oder
**Warum das Leben
im Schatten des Schutzwalls
eine sonnige Sache war**

wjs

1. Auflage
© 2009 wjs verlag, Wolf Jobst Siedler jr. · Berlin
Alle Rechte vorbehalten,
auch das der fotomechanischen Wiedergabe
Schutzumschlag: Dorén + Köster, Berlin
Satz: Dorén + Köster, Berlin
Druck und Bindung: fgb, freiburger graphische betriebe
Printed in Germany
ISBN: 978-3-937989-54-9
www.wjs-verlag.de

Für Anjana und Indira

Bei Dämmerung habe ich oft Inseltöne gehört. Ein Rauschen und Zirpen, wie man es von Kreta kennt, wenn sich zwischen zwei Gläsern Wein in der Strandtaverne eine Grillenstille ausbreitet und man nur noch den Wind, die Wellen und von Ferne einen Löwen in der Wüste brüllen hört.

So ein Moment am Meer kann lange dauern, je länger er zurück liegt, desto mehr dehnt er sich aus. Auch mein Leben im Berliner Niemandsland fühlte sich an wie eine Ewigkeit. Doch es fand nach zwei Jahren ein jähes Ende, das man in der ganzen Welt bestaunte, meist bejubelte, aber auch beweinte.

Obwohl ich weiß, dass damals die Gerechtigkeit ihren Lauf nahm, hätte ich die Sekunden vor dem Mauerfall gern ins Endlose gedehnt. Ich bin sicher, mir wäre das auch gelungen, denn wenn man auf ein Ereignis X zusteuert und die Distanz dorthin fortlaufend um die Hälfte teilt, kommt man theoretisch nie an.

Andererseits war ich in Mathematik immer eine ziemliche Null, und ich wachte damals auch nicht auf meinem Balkon, sondern vergnügte mich in Übersee, als die Dinge in Berlin ihren Lauf nahmen. So wurde ich von der Sonnenbahn überlistet, denn in Milwaukee am Lake Michigan war es damals noch hell, als über Berlin schon diese sternklare Nacht des 9. November hereinbrach, nach der nichts mehr so sein sollte wie vorher.

Das Leben im Schatten der Mauer war eine sonnige Sache. Der Blick vom Balkon meiner Altbauwohnung wurde durch keine graue Mietskasernenfassade getrübt, denn die Heidelberger Straße lag und liegt an der Grenze zum Ostberliner Bezirk Treptow. Am 13. August 1961 war die Straße der Länge nach zerschnitten worden, der eng gebaute Kiez wurde kräftig durchlüftet. Die auf der Ostseite liegenden Quartiere standen nicht lange. Erst wurden sie geräumt, in den Siebzigern schließlich gesprengt. Zurück blieb eine Brache, die einerseits die Welt zerteilte – andererseits aber den Blick freilegte auf einen ganz besonderen Horizont.

Die Sicht vom dritten Stock ging über die Mauer hinweg und reichte fast bis zur Spreebrücke. Nachts schimmerten von Ferne karminrote Schriftzüge an volkseigenen Betrieben, von denen ich mich im Dunkeln auf seltsame Weise behütet fühlte. Im Sommer winkten die grünen Baumwipfel vom Treptower Park. Manchmal wehte der Wind ein paar Rummelgeräusche vom Prater herüber; ich ahnte Karussells und Kinder, Zuckerwatte und Schießbuden. Ich blickte in ein fremdes Land, über dem stets eine merkwürdige Ruhe lag, als ob die Welt vor meinen Augen in einem anderen Aggregatzustand existierte. Das jedenfalls glaubte ich, wenn die Sonne nach Feierabend ihre Strahlen auf die Mauerkrone warf und den Beton in Brand setzte.

Die Miete für die Wohnung am Ende der Welt war mit 250 Mark im Monat kaum der Rede wert. Die Stadtteilsanierer, in den achtziger Jahren endlich auch in Neukölln angekommen, hatten diesen Straßenzug am äußersten Ende des Bezirks offenbar vergessen. In meiner zweizimmrigen Behausung gab es weder fließendes warmes Wasser noch technisches Gerät, das in der Nachkriegszeit installiert worden wäre. Zwei Kachelöfen, ein mit Briketts zu heizender Badezimmerboiler sowie eine alte Küchenmaschine sollten genügen. Der einzige Luxus in der Wohnung bestand in einem etwa 25 Jahre alten Gasherd, dessen Inbetriebnahme allerdings Sinn fürs Abenteuer voraussetzte.

Die Attraktion meiner Wohnung lag im Politischen. Ich lebte an einem Ort mit eingebauter Systemgrenze, der Schritt vom Wohnzimmer auf den stets mit Lupinen, Delphinium und Margeriten bepflanzten schmalen Balkon zielte von Berlin (West) nach Berlin, Hauptstadt der DDR.

Der amerikanische Sektor endete an der Häuserkante beziehungsweise meinem ausgefransten Teppich. Die Mauer hatten die Kommunisten in den Bordstein gepflanzt – der Bürgersteig gehörte offiziell schon zum Osten. Das nächste bewohnte Haus hinter der Mauer stand nur etwa 200 Meter entfernt. Im Erdgeschoß und im ersten Stock waren dort Fenster und Türen zugemauert worden. In der dritten und vierten Etage schienen Menschen zu wohnen, bei gutem Wetter hing Wäsche auf dem Balkon. Manchmal versuchte ich, mit einem Feldstecher Genaueres auszumachen: Hosen, Hemden, Unterwäsche auf der Leine, Blumen im Fensterbrett. Nur das Olivgrün der im dritten Stock zum Trocknen aufgehängten Jacken wirkte verdächtig.

Schräg gegenüber lag eine Fabrik, ein typischer Berliner Werksbau aus den zwanziger Jahren. Von weitem war »VEB Sicherheitstechnik« an der braunen Fassade zu lesen, ich vermutete die Stasi hinter den roten Ziegelmauern. Jahre nach dem Mauerfall lernte ich eine Frau kennen, die dort gearbeitet hatte. Der VEB Sicherheitstechnik war ein Betrieb der Reichsbahn, in dem Elektronik für den Bahnverkehr produziert wurde. Ich war ein bisschen enttäuscht.

Das Grenzregime unter meinem Balkon war ein Musterbeispiel deutscher Ordnungsliebe. Blumen wurden stets weggezupft, kämpfte sich dennoch ein Löwenzahn durch die Ritzen der Betonpiste, wurde er von Unkraut-Überwachungseinheiten der Grenzpolizei sofort aus dem Sicherheitsbereich entfernt. Der weiße, märkische Sand wurde wie in einem Musterbeet jeden Tag ordentlich geharkt. Abends, im Schutz der Dämmerung, wagten sich manchmal ein paar Kaninchen in den Todesstreifen und hinterließen ihre Spuren. Am nächsten Tag rückten motorisierte Armee-Einheiten an und beseitigten den organischen Restmüll. Hier durfte nichts auf Leben deuten. Als die Mauer fiel und plötzlich die Frage anstand, was mit diesem bleischweren Gürtel in der Hauptstadt des neuen Deutschland nun anzufangen sei, hätte man sich angesichts der kolossalen Trostlosigkeit des Grenzregimes auch einen deutsch-deutschen Schrebergartenring vorstellen können, der sein grünes Band der Sympathie fröhlich durch die Stadt führt. So hätte man die Probleme der Einheit unter Nachbarn abends überm Zaun und beim Grillen besprechen können und sich manches Missverständnis zwischen Ost und West erspart.

Stattdessen wurde die Stadt wieder zusammengeflickt und neu besohlt wie ein alter Schuh. Aber ich weiß noch, wo die Reißnaht lief. Wie könnte ich dieses Ensemble unter meinen Balkon auch je vergessen. Linke Hand, etwa 300 Meter entfernt, stand ein Wachturm, stets mit zwei Mann besetzt. Rechts unten patrouillierte ein Posten, der regelmäßig ein Feldtelefon bediente. Die Gesichter wechselten ständig. Ein Kontakt zum gemeinen Grenzsoldaten ließ sich nicht herstellen. Ab und zu stellte ich Lautsprecherboxen auf meinen Balkon und beschallte die Soldaten mit Musik. Dabei hatte ich keine politische Protestaktion im Sinn; ich kam mir eher vor wie mein Chemielehrer in der Oberprima, bei dessen wagemutigen Experimenten wir immer in Deckung gegangen waren. Ich wollte einfach wissen, was passiert, wie die Angehörigen der DDR-Grenztruppen auf Musik des Klassenfeindes reagierten. Würde es BUMM machen?

Der Versuch erwies sich als Fehlschlag. Nicht einmal James Browns »Sex Machine« führte zum Erfolg. Ab und zu spielte ich auch »The Ghetto« von Danny Hathaway. Aber ich gewann keine Soul-Brothers im Grenzgebiet. Die Jungs verweigerten jede körperliche Reaktion. Nicht mal ein Zucken in den Hüften. Jeder englische Wachposten vor dem Buckingham Palace war im Vergleich zu diesen Grenzern ein Ausbund an Lebensfreude. Wenn die Soldaten Musik hörten oder bemerkten, dass sie beobachtet wurden, versteckten sie sich im toten Winkel der Mauer – so war das wohl Vorschrift.

Im Parterre lebte man wie in einer Irrenanstalt. Eine Erdgeschosswohnung in Berlin gilt als Zumutung, weil mitunter Ratten den Abort bevölkern, Hunde auf Simshöhe ihr Revier markieren und Trinker sich in Türecken erleichtern. Das Elend der Berliner Parterreexistenz erreichte in der Heidelberger Straße zweifelsfrei seinen Höhepunkt. In einem der Häuser lebte ein hagerer Frührentner von vielleicht 55 Jahren im Erdgeschoss. Vom Leben erwartete er nichts mehr. Als ich eines Tages einen irrlaufenden Brief, offenbar eine Nachricht vom Sozialamt, bei ihm vorbeibrachte, bat er mich kurz herein. In seiner Wohnung roch es nach kalter Asche. Er war blass, trank zu viel und sah aus wie ein alt gewordenes Kellerkind. Schon tagsüber schüttete eine verstaubte Lampe milchiges Licht in das Wohnzimmer, und im Flur attackierte eine nackte Glühbirne jeden Besucher. Aus irgendwelchen Gründen hatte er sich an das Ende der Welt geflüchtet, die Mauer verdunkelte sein Leben, aber sie diente ihm auch als Windschutz, nachdem er offensichtlich einige Stürme hatte durchleben müssen.

Der Blick aus seinem Wohnzimmer fiel auf den Beton. Die Farbe der Mauer war monotones Waschgrau, ab und zu unterbrochen von dunklen Schlieren, die der Regen auf die Fläche gemalt hatte. Das legendäre Graffiti an der Mauer gab in dieser Gegend nicht viel her. In der Heidelberger Straße lebten keine Freaks, Dichter oder Schauspieler, die sich kreativ am Schutzwall verewigen wollten. So etwas gab es bloß in Kreuzberg, wo Künstler wie Thierry Noir den Beton als Leinwand benutzten. Heute werden Mauersegmente mit Noir-Bildern für Tausende von Euros gehandelt. In der Heidelberger verewigten sich dagegen bloß ein paar Ickes, Kalles und Bolles. Joseph Beuys hat einmal gesagt, in ästhetischer Hinsicht wäre die Mauer sieben Zentimeter zu niedrig geraten. Darüber hätte er sich mal mit dem Parterremann unterhalten sollen, es wäre vermutlich ein interessantes Gespräch geworden.

Unten im Keller, aus dem ich im Winter fluchend die Kohlen hochschleppte, fanden sich noch die Reste eines Fluchttunnels, der 1961 nach dem Mauerbau durch den preußischen Sand in Richtung Osten getrieben worden war. Doch der Fluchtweg wurde verraten. Als der Mann an der Spitze auf der gegenüberliegenden Seite im Frühjahr 1962 durchbrach, wartete schon die Staatssicherheit. Sie feuerten sofort. Der Mann schleppte sich, von mehreren Kugeln getroffen, noch in den Westen zurück, dann starb er im Krankenhaus. Als Fluchthelfer, die ein paar Häuser weiter ebenfalls eine Röhre durch die Erde trieben, von dem Toten hörten, warfen sie ihre Schaufeln weg. In der Heidelberger Straße war der Tunnelbau zu gefährlich geworden. Seitdem herrschte Ruhe im Grenzstreifen.

Innerhalb einer Stunde wurde mir schon beim Einzug das ganze Berliner Dilemma vorgeführt. Ich fuhr mit einem mit Möbeln beladenen Mietwagen vor die Eingangstür, konnte aber, wegen der Mauer, nur den Bürgersteig befahren. Nachdem wir ausgeladen hatten, wollte ich den Wagen schnell wieder abgeben, ich verdiente nicht viel als Reporter bei der »taz«. Doch inzwischen hatte irgendein Nachbar den Bürgersteig zugeparkt. Ich fand den Kerl nicht. Nach einer Stunde rief ich die Polizei. Ein Wachtmeister begutachtete den Wagen, schielte dann irritiert auf das Schild mit dem weltbekannten Schriftzug: »You are leaving the american sector.« Er seufzte. Hier endete sein Beritt. »Ich kann da gar nichts machen« sagte er, »das ist Osten.«

Um die Zufahrt frei zu bekommen, hätte ich entweder den alliierten Kontrollrat oder das Kommando der DDR-Grenztruppen alarmieren müssen. Also wartete ich ab, bis der Fahrer Stunden später zu seinem Auto zurückkehrte. Die Rechnung für den Mietwagen war ziemlich hoch, aber ich war nicht böse, denn wegen solcher Geschichten war ich ja nach Berlin gekommen.

Im Westen war so etwas nicht einmal denkbar. Diese sogenannte Bundesrepublik, erschien mir eh als eine Landschaft voller schwarzer Löcher. Eines davon heißt Oldenburg und liegt auf halbem Wege zwischen Bremen und Holland an einem Fluss namens Hunte. Des Wassers wegen wird Oldenburg auch gerne Huntestadt genannt, ein selten dämliches Synonym, das ich in meiner Volontärszeit ebenfalls oft gedankenlos benutzte und mit dem die Universitätsstadt jeden Tag aufs Neue in der Regionalpresse auf Flachland- und Fischkopp-Niveau gebracht wird.

Oldenburg ist ein Ort voller Jugendstilbauten und einem ansehnlichen Schloss. Vor den Bürgerhäusern blüht im Frühling der Rhododendron in den Vorgärten und parfümiert die Straßen. Hochhäuser und Magistralen gibt es kaum, nur in Bahnhofsnähe weht Großstadtluft. Würde Ikea nicht nur Regale und Sofas verkaufen, sondern auch Städte, Oldenburg wäre mit Sicherheit im Sortiment. Nur hieße Oldenburg dann nicht mehr Oldenburg, sondern wahrscheinlich »Sömmerda« oder »Botterbloom«.

Um die Schockwellen zu erfassen, die durch den Mauerfall im Westen ausgelöst wurden und die ganzen neunziger Jahre hindurch bis in die heutige Gegenwart ihre Wirkung tun, lohnt es sich durchaus, die Untiefen der BRD in den achtziger Jahren am Beispiel dieser Stadt auszuloten. Aus Oldenburg bin ich im Sommer 1987 nach Berlin geflüchtet, weil es einfach nicht mehr auszuhalten war.

Nicht dass Oldenburg keine Geschichte gehabt hätte! In Oldenburg wurde am 16. Juli 1870, dem Tag der Mobilmachung gegen den Erzfeind Frankreich, immerhin die Ansichtskarte erfunden, das Motiv zeigt einen Kanonier. 62 Jahre später zeigten die Oldenburger Ansichtskarten dann einen gebürtigen Österreicher mit schwarzem Schnauzbart. Denn das Oldenburger Bürgertum, knallprotestantisch und dem Staate stets ergeben, entschied sich schon ein Jahr vor der Machtergreifung für die Nazis und wählte sich 1932 eine braune Landesregierung.

Berlin versprach, im Gegensatz zur nordwestdeutschen Provinz, ein paar Abenteuer, vielleicht sogar existentielle Erfahrungen. Zumindest aber ein paar gut sortierte Buchhandlungen, in denen schöne Frauen nach Albert Camus fragen würden. Hätte sich Camus in den achtziger Jahren um einen Job an der Oldenburger Universität bemüht, wäre er von den DKPisten wahrscheinlich als bürgerlicher Moralist verlacht worden, blödgeschulte MSB-Spartakus-Anhänger hätten vermutlich seine Seminare gesprengt.

Im Dunstkreis dieser 1970 gegründeten »Reformuni«, die in den neunziger Jahren, der Dekade der Hitlisten und sogenannten »Rankings«, bei den meisten Untersuchungen auf den hintersten Plätzen landete, hatte sich die DKP eine hübsche kleine DDR aufgebaut. Zu ihren besten Zeiten wählten im bürgerlichen Oldenburg mehr Menschen die Kommunisten als die Grünen, acht Prozent waren damals kein Problem für die Partei der Arbeiterklasse.

Doch die Genossen lebten nicht in Plattenbauten, sie reihten sich auch nicht in Konsumschlangen ein, ohne zu wissen, was man am Ende im Netz oder Beutel nach Hause tragen würde. Sie hatten es sich in mondänen Gründerzeitvillen bequem gemacht, sie fuhren zur Erholung nicht in ein volkseigenes Touristengefängnis mit Ostseeblick, sondern flogen nach Lanzarote. Und sie ließen sich abends in plüschigen Speisewirtschaften auch nicht mit »Hamwanich« abbürsten, sondern bestellten Edelfische oder Vitello Tonnato bei Giovanni. Bier trank man »bei Beppo«; den Cuba Libre nahm man im »Havanna«.

In Oldenburg las man also nicht Camus, sondern eher Sartre, der die Verbrechen der Sowjetunion, jedenfalls im Systemvergleich, immer für die philosophisch höherwertigen Massenmorde gehalten hat. Und natürlich Lion Feuchtwanger, den ich ganz gerne las, bis ich in der Wendezeit seine Elogen auf die Moskauer Prozesse entdeckte. Feuchtwanger hätte gut nach Oldenburg gepasst. In diesem Panoptikum des altersmilden Stalinismus hätte man ihn sicher ausgestopft und vor seiner Mumie eine studentische Dauerlesung veranstaltet. (Und natürlich ist mein Urteil über Feuchtwanger furchtbar ungerecht, weil er auf die penetranten Selbstbezichtigungen der Angeklagten ja hereinfallen musste. Dass die dem Tode geweihten Opfer der Terrorjustiz in dieser stalinistischen Schmierenkomödie auch noch – freiwillig? – die Hauptrolle übernommen haben, gehört zu den ganz großen Mysterien des Kommunismus. Jungfrauengeburt und Dreifaltigkeit sind gar nichts dagegen.)

Nun ja, hinterher, also nach dem Mauerfall, war man eben immer schlauer. Manches hätte man freilich auch schon damals wissen können. Das westdeutsche universitäre Soziotop mit all seinen lebensfremden Schlaumeiern, war zwei Jahre lang mein Lebensmittelpunkt. Meinen Zivildienst – zur Bundeswehr wollte ich nicht, weil ich Befehle hasste – absolvierte ich in der Psychosozialen Beratungsstelle der Universität Oldenburg. Ich saß in einem turmförmigen Uni-Hochhaus in einem der oberen Stockwerke. Das Gebäude war eine späte Verirrung eines Bauhaus-Adepten. In den frühen Achtzigern sammelte ich Geld für »Waffen für El Salvador«, um die Guerillabewegung El Salvadors gegen die Oligarchie zu unterstützen. Einem freiwilligen Ernteeinsatz in Nicaragua bin ich nur knapp entkommen. Aber damit das klar ist: ich habe unter den Linken gut gelebt. Ich tue es immer noch. Heute würde ich mich beispielsweise ohne zu zögern noch an einer Kollekte für Sprengstoff beteiligen, mit dem man sich gewisser Bausünden entledigen könnte. Beim Palast der Republik, dessen kleingeistige Enge man selbst im entkernten Rückbau noch riechen konnte, war das schließlich nicht mehr nötig. Den Abriss hat die Republik bezahlt. Schade eigentlich.

In der Oldenburger Beratungsstelle sorgte ich dafür, dass genügend Kaffee in den Kannen war. Und ich trainierte mir eine sonore Telefonstimme an: »Psychologische Beratungsstelle, Malzahn, guten Tag – was kann ich für Sie tun?«

Ansonsten langweilte ich mich zu Tode. Und hätte nicht ab und zu ein Selbstmörder am Freitagnachmittag bei uns angerufen, wäre ich vermutlich irgendwann selbst aus dem Fenster gesprungen.

Nach Berlin ging ich vor allem aus privaten Gründen; großes Ach und Weh in der Brust, selbst die Rezepte aus Heines »Buch der Lieder« wollten nicht mehr helfen. Zum Abschied sagte mir ein Freund: »Für Berlin brauchst du ein tapferes Herz und ein paar schwarze Jeans.« Das war ein wertvoller Hinweis. Ich benötigte aber ferner ein schwarzes T-Shirt, ein schwarzes Hemd, schwarze Schuhe und, in fortgeschritteneren Zeiten, eine schwarze Lederjacke.

Ich hätte übrigens nichts dagegen gehabt, wenn man in Berlin damals die Farbe abgestellt hätte, denn aus dem Land der Buntfernseher und Schönfärber war ich ja geflüchtet, in einen Film noir, wie ich hoffte. Die Kulisse war großartig. Man brauchte in Berlin nicht mal umzuziehen und hatte doch das Gefühl, alle paar Jahre in einer neuen Stadt zu wohnen.

Doch ausgerechnet in Berlin wehte mich plötzlich ein Gefühl von Heimat an. Ich kam an einen Ort zurück, den ich lange vor meiner Geburt verlassen hatte.

Beste Sicht auf den Kalten Krieg hatte man nicht nur von meinem Neuköllner Winkel aus, in den sich nie ein Tourist verirrte, sondern natürlich auch am Checkpoint Charlie. Dort eröffnete im Jahre 1988 in der Friedrichstraße, Ecke Zimmerstraße das Café Adler. Vor langer Zeit stand dort einmal eine Apotheke. Nun war das Eckhaus berühmt, weil vor seiner Tür seinerzeit amerikanische Panzer aufgefahren waren, nachdem im August 1961 Armee und Betriebskampfgruppen den Ostsektor abgeriegelt hatten.

Im vierten Stock dieses schönen Gründerzeitbaus hatte dann der CIA Quartier bezogen. Schräg gegenüber nahm der KGB seinen Gefechtsstand in Betrieb. Aber das historische Flair war nicht wirklich die Ursache für meine fast allabendlichen Besuche im Adler, das nur zwei Minuten von der Redaktion entfernt lag. Die Sensation des Cafés lag auch nicht im Blick auf das Grenzregime, obwohl der eine Menge bot:

das amerikanische Wachhäuschen, GIs mit weißen Handschuhen, fuchtelnde Grepos, die Diplomatenwagen in die richtige Kolonne scheuchten.

Es waren die Kellnerinnen. Wenn man das Café betrat, war man schon von ihrem Anblick betrunken. Ich erinnere mich an keine andere Restauration, die so eine Dichte schöner Frauen aufzuweisen hatte wie dieses Café am Ende der westlichen Welt, so als wollten wir denen da drüben noch mal zeigen: Guckt mal, so sehen die Mädels bei uns aus! Da habt ihr keine Chance mit Euren Lotte Ulbrichts und Margot Honeckers!

Ich war natürlich nicht der einzige, der dieses Phänomen bestaunte. Manche Kollegen verlegten sogar ihren Arbeitsplatz in dieses Mauercafé, der schönen Aussicht wegen. Ein Redakteur saß beispielsweise von morgens bis abends neben einem bis zu 50 Zentimeter hohen Stapel Papier. Er verzehrte amerikanische Schokoladenkekse und wühlte sich durch Manuskripte. Zwischen zwei Aufsätzen, die ihm Kunstkritikerinnen, Dichter, Philosophen oder Studentinnen zugesandt hatten, lächelte er zufrieden in Richtung Theke.

Dort stand zum Beispiel eine große, schlanke Blonde mit kurzen, krausen Haaren. Sie hatte ein feines Gesicht und eine dezente Tätowierung auf dem Rücken. Wenn sie sich umdrehte und nach einer Spirituose im hohen Regal griff – dabei musste sie sich ein wenig recken – hielten wir alle den Atem an, denn dann blühte die Rose auf ihrem Schulterblatt.

Die Welt war schön. An Mauer, Minen und Stacheldraht dachten wir keine Sekunde, obwohl das alles vor unserer Nase lag. Für uns Westberliner hatte sich der Schutzwall im Laufe der Zeit in ein Möbelstück verwandelt, so eine Art Kommode, ein ungeliebtes Erbstück. (Günter Grass hat das später dann falsch verstanden und daraus seine kommode Diktatur gezimmert. Aber das ist eine andere Baustelle.)

Die Mauer gehörte jedenfalls zu Berlin wie der Ku'damm oder der Funkturm. Die meisten Bewohner registrierten sie kaum noch. So weiß ich von einer gebürtigen Berlinerin, die ihr Abitur 1988 in Wilmersdorf ablegte, dass sie in dreizehn Jahren nur ein einziges mal in ihren Schulbüchern auf Beton gestoßen ist: Im Deutsch-Leistungskurs wurde das Thema »Rhetorik« über zwei bekannte Reden vermittelt. Die eine war von Goebbels, »Wollt ihr den totalen Krieg?«, die andere von Kennedy, »Ich bin ein Berliner!« Mehr Informationen in eigener Sache sah der West-Berliner Lehrplan offenbar nicht vor.

Die Mauer war zwar mitunter ein Verkehrshindernis, ansonsten aber vor allem eine touristische Attraktion. Reiseführer priesen das Bauwerk in ihren Prospekten an wie Zirkusdirektoren früher ihre Monstrositäten auf den Jahrmärkten: Daß man die Mauer angeblich mit bloßem Auge aus dem Weltraum erkennen könne, war eine ihrer – vermutlich erfundenen – Werbebotschaften zur 750-Jahrfeier Berlins.

Den Laubenpiepern diente die Mauer als Rückwand für Datschen im Grenzgebiet, manche hatten Blumenampeln und Zierräder am Beton befestigt. An der Mauer herrschte Ruhe. Und die Alternative Liste, die Westberliner Variante der Grünen, erkannte in der Vegetation vor der Mauer, die sich 28 Jahre in aller Freiheit entfalten konnte, vor allem ein Rückzugsterrain für Lurche, Molche, Vögel und anderes, möglicherweise vom Aussterben bedrohtes Getier. Im Wendejahr 1990, als die Mauer abgerissen werden sollte, veranlasste die drohende Vernichtung dieses Biotops sie zu der ein oder anderen mahnenden Presseerklärung. Auf die Idee mit dem Schrebergartengürtel kamen sie leider nicht, aber das war damals auch überhaupt nicht ihre Welt (heute freilich könnten die Grünen in der Gartenabteilung von Manufactum vermutlich jeden Samstag eine Vollversammlung abhalten).

Sogar Selbstmörder gewannen der Mauer noch etwas ab: Lebensmüde, die zum Zwecke ihres Selbstmordes mitunter sogar aus Bayern über Transit nach West-Berlin angereist kamen, nutzten den Bau als todsichere Aufprallfläche. Bei diesen Berlin-Besuchern war der Beton auf der Bernauer Straße besonders beliebt. Die West-Berliner Gartenstraße führte etwa 900 Meter auf die Mauer zu, Beschleunigungen bis zu 120 Kilometer pro Stunde waren möglich. Die

Abschiedsbriefe der Mauerselbstmörder fand die Polizei meist im Handschuhfach, wenn er nicht vorher mitsamt Fahrer und Karosserie verbrannt war.

1987 zählte man an der Mauer in nur acht Monaten vier Selbstmorde. Die Alliierten waren zuständig beim Freitod im Niemandsland. Komplikationen blieben natürlich nicht aus. Als im April 1987 ein 26-jähriger Mann mit seinem Wagen die Mauer in der Scheidemannstraße, ganz in der Nähe des Reichstages, rammte, verwehrte ein DDR-Grenzoffizier der britischen Militärpolizei zunächst den Zugang zum Autowrack. Damit unterband er den Abtransport des schwer, aber nicht lebensgefährlich verletzten Fahrers in ein West-Berliner Krankenhaus. Seine Begründung: Das Wrack befinde sich auf dem »Territorium der DDR«.

Die Briten nahmen daraufhin Kontakt mit den sowjetischen Behörden in Ost-Berlin auf. Erst jetzt gaben die Grenzsoldaten den Weg frei. Der Tagesspiegel meldete am nächsten Tag lakonisch auf Seite zwei: »Die Bergungsaktion, zu dem die britischen Soldaten eine Zugmaschine einsetzten, war kurz nach Mittag beendet.«

Ein knappes Dutzend Mauerselbstmorde sind insgesamt dokumentiert. Sie waren die Molltöne in der allgemeinen Berlineuphorie der achtziger Jahre. Irgendwie setzten sie dem Rummel um diese schräge, magische Mauerstadt die Krone auf. Die angesagte Szenefarbe war schwarz und der Tod vermutlich ein mürrischer Hausmeister aus West-Berlin. Ich nehme an, er hieß Heinz Kasupke, hat irgendwo in Neukölln gewohnt und sich jeden Morgen unrasiert und mit schlechtem Atem an die Arbeit gemacht. Als erstes kamen die Eckkneipen dran, noch 'ne Molle, noch'n Korn – und tschüss. Statt einer Sense trug Kasupke stets ein Schweizer Taschenmesser und eine Flasche Schultheiß bei sich, den schwarzen Rock hatte er mit einer grauen Cordhose und einem gerippten Unterhemd vertauscht. Kasupkes Vater war Berliner Bademeister gewesen, seine Mutter Anfang der Fünfziger mit einem schwarzen GI durchgebrannt.

Kasupke stand feixend neben dem sterbenden Benno Ohnesorg, der am 2. Juni 1967 in der Nähe der Oper am Rande einer Anti-Schah-Demonstration von einem West-Berliner Polizisten erschossen wurde – ohne besonderen Grund, einfach so, weil dem Herrn Wachtmeister die Nerven durchgegangen waren. Dass der West-Berliner Schütze Kurass heimlich Mitglied der SED und ein Spitzel der Stasi war, wusste Kasupke natürlich schon lange, bevor es im Mai 2009, pünktlich zum 60. Geburtstag der Bundesrepublik, publik wurde. Wie Rumpelstilzchen tanzte dieser rechtslinksextreme Hausmeister damals um den sterbenden Ohnesorg, dessen Tod Zehntausende Studenten in die Verzweiflung und manche in den Terrorismus trieb: Ach wie gut, das niemand weiß...

Die faschistische Fratze des westdeutschen Polizeistaats, der mit seinen Schüssen eine ganze Generation getroffen und Zehntausende in den Wahnsinn von Stadtguerilla, Terrorismus oder K-Gruppen getrieben hatte – war Kommunist. Als ich davon hörte, wurde mir ein bisschen schwindlig. Und dann fielen mir die Stasi-Knechte ein, die ich in den späten achtziger Jahren noch mit eigenen Augen Unter den Linden gesehen hatte; junge Kerle in Blousonjacken, die harmlose Demonstranten – viele davon wie Ohnesorg aus kirchlichen Gruppen – durch Berlins Mitte jagten. Warum waren wir vom Doppel-Wahnsinn des Kurass eigentlich so überrascht? Der Fall zeigt jedenfalls, dass wir Deutschen uns unserer jüngeren Geschichte überhaupt nicht sicher sein können. Nur soviel ist gewiss: Typen wie Kurass und Kasupke haben auch in Zukunft noch eine Menge Überraschungen auf Lager.

Kasupke klopfte Kurass auf die Schulter, als der Staatsdiener nicht etwa wegen Totschlags oder wenigstens fahrlässiger Tötung verurteilt, sondern vom Berliner Landgericht freigesprochen wurde. Als Rudi Dutschke nach Vater und Mutter rief, weil ihm ein aufgehetzter junger Mann mit einem Revolver auf dem Ku'damm in den Kopf geschossen hatte, war Kasupke ebenfalls nicht weit und applaudierte dem aus Ostdeutschland stammenden Attentäter. Und Kasupke war es auch, der dem vorbestraften jungen Mann sein heiseres »Tu es! Tu es endlich!« ins Ohr raunte, als der sich, von Schuld und furchtbar schlechtem Gewissen geplagt, im Gefängnis erhängte. Dutschke hatte ihm vorher in einem Brief verziehen.

Meister Kasupke war dabei, als man den CDU-Vorsitzenden Lorenz entführte und in einem Keller festhielt, er stand Pate, als die Berliner Polizei den jungen Hausbesetzer Klaus Jürgen Rattay vor die schweren Räder eines Doppeldeckerbusses trieb. Er zündete am 1. Mai 1987 das Bolle-Kaufhaus in Kreuzberg an und tanzte wie Rumpelstilzchen um die Ruine; er hatte den Finger mit am Abzug des Grenzsoldaten, der den jungen Ost-Berliner Chris Gueffroy zersiebte. Kurz gesagt: Ich und meinesgleichen mochten Heinz Kasupke nicht besonders. Eigentlich hassten wir Typen wie ihn.

Und natürlich vermuteten wir Kasupke im Sommer 1987 auch inmitten der Ehrengäste des amerikanischen Präsidenten Ronald Reagan. Typen wie Kasupke würden dem Staatsgast aus Washington rülpsend zuprosten und mit Plastikfähnchen wedeln. Wir mochten Reagan nicht, wir mochten die Bade- und Hausmeister nicht: Das waren die anderen.

Als Reagan bei seinem Frontstadt-Besuch Ende der achtziger Jahre den Abriss der Mauer forderte, erntete er bei linken Intellektuellen keinen Beifall, sondern Spott. Mitten im Sommer habe der amerikanische Präsident eine »Adventsrede« gehalten, ätzte die »taz«. Reagans historische Aufforderung, »Mr. Gorbatchev, open this gate«, interessierte die Zeitung in ihrem Kommentar nicht weiter, die sich lieber seitenlang mit den Demo-Krawallen und dem schaurigschönen schwarzen Block der Autonomen beschäftigte, deren redaktionelle Vertreterin auch einen Kasten auf der Seite Drei füllen durfte. Die Rede, die Reagan hielt, hatte allerdings tatsächlich peinliche Züge, weil sein Auftritt so künstlich wirkte. Jedes Berlin-Klischee hatten ihm seine Redenschreiber ins Manuskript gepackt: Vom »Koffer in Berlin« war da die Rede, vom »Berliner Herz«, dem »Berliner Humor«, ja, und der »Berliner Schnauze«.

Das alles machte es auch mir sehr leicht, über diese im Grunde revolutionäre Forderung Reagans zu grinsen. Sorry, Mr. President. Doch der Beifall der handverlesenen Zuhörer vor der Mauer am Brandenburger Tor kam wie auf Bestellung. Reagans Publikum wirkte mit seinen wehenden Spruchbändern genauso deppenhaft wie die strahlenden Jungen Pioniere auf der anderen Seite vom »Brandenburg Gate«. Die vom Berliner »Tagesspiegel« hübsch als »unpragmatisch« bezeichnete Botschaft an Gorbatschow denunzierte das Zentralorgan der SED, »Neues Deutschland«, am nächsten Tag erwartungsgemäß als »provokatorisch und militant«, freilich ohne Reagans Satz, der ganz bewusst für die Ewigkeit geschrieben worden war, wörtlich zu zitieren.

Bei der Amtlichen Deutschen Nachrichtenagentur ADN, die – aus welchen Gründen auch immer – darauf verzichtet hatte, einen eigenen Korrespondenten in den Westteil zu schicken und sich bei einem Reporter der Sowjet-Agentur TASS bediente, las sich das so: »Reagan rief auf, die Grenzsicherungsanlagen der DDR zu zerstören, und ignorierte völlig, dass dieser Schutz der Grenze der DDR nach Berlin (West) durch die feindlichen Aktionen des Westens notwendig geworden war. Der Präsident der USA setzte sich in Widerspruch zu den Realitäten, die im Ergebnis des Zweiten Weltkriegs und der Nachkriegsordnung entstanden sind und die unangetastet bleiben müssen, wenn der Frieden in Europa und in der Welt gesichert werden soll.«

Das Ergebnis der Realitäten seit dem Zweiten Weltkrieg war allerdings auch dies: Für die meisten Berliner endete hinter dem Betonwall die Welt. Da war nichts. Und wenn da nichts war, konnte man ja eigentlich auch seinen Sperrmüll ins Nichts werfen, er müsste dann auf dieselbe Weise verschwinden, wie Seefahrer in Vorzeiten vom Nichts verschluckt wurden, wenn sie ans Ende der Welt gerudert waren. In jedem Fall war das Entsorgen von Sperrmüll auf diese Art und Weise billiger, als zum Sondermülldepot der Berliner Städtereinigung in den weit entfernten und zudem unbeliebten Stadtteil Britz zu fahren.

Auf diese Weise wurde ich einen alten Teppich los. Doch als ich das filzige Ungetüm eines Abends mit Hilfe einer Leiter und eines guten Freundes über den Schutzwall schmiss, hatte das Auftrieb im Todesstreifen zur Folge. Ab und zu gönnten wir uns ein solches Vergnügen in der sonst eher verkehrsberuhigten Zone, ich war nicht der einzige – und Kasupke sah sich das Treiben mit einem Glas Bier in der Hand von der Eckkneipe aus an und grinste begeistert.

Denn in solchen Fällen kamen subito die Grenzsoldaten mit ihren kleinen Geländewagen über die Betonpiste gerast, musterten den zusammengerollten, grauen Aggressor, quatschten nervös und mit ernster Mine in ihre Funkgeräte. Wir beobachten das amüsiert vom Balkon, und als die Grepos dann mit Kameras anrückten, zogen wir uns nach West-Berlin, also in mein Wohnzimmer zurück. Es folgten zumeist Ermahnungen, die zur allgemeinen Erheiterung manchmal sogar in sächsischem Idiom per Megafon von Ost nach West gerufen wurden: »Underlassnse diese Browokation! Sie gefärdn den Reisevärgär!«

Alfons, einem aus dem Ostfriesischen stammenden ehemaligen VW-Arbeiter, gelang es auf ähnliche Weise sogar, die sozialistische Grenzpolizei auf dem Wasser zu mobilisieren. Er war nach einem Zeltlager für Jugendliche, an dem er 1984 in Berlin-Heiligensee als Koch teilgenommen hatte, im berüchtigten Kreuzberger Kneipenkollektiv »Kuckucksei« hängen geblieben, prügelte sich hin und wieder mit ihm in körperlicher Hinsicht meist weit unterlegenen Polizisten und arbeitete daran, Schauspieler zu werden.

Er hatte das vermaledeite Berufsleben im Westen hinter sich gelassen, um sich in einem ehemaligen Fabrikkontor der Pfuelstraße, dessen Außenwand an die Spree und somit an den Osten grenzte, ganz und gar in eine verlängerte Adoleszenzphase zu versenken. In diesen schöpferischen Entwicklungsprozess wurden regelmäßig auch die Wächter des Arbeiter- und Bauern-Staates mit einbezogen. Nicht nur nach fröhlichen Zechtouren hingen Alfons und seine schauspielernden Kommunarden gern ihren nackten Hintern aus den Fenstern der Fabriketage. Die Blöße war weithin sichtbar, denn Alfons Behausung lag im vierten Stock über der Spree. In der Regel dauerte es nicht lange, bis die Grenzpolizei in Booten anrückte und Offiziere mit Feldstechern den Feind studierten, um anschließend Beweisfotos zu schießen. Manchmal glaube ich, wir haben uns einfach solange über die DDR kaputtgelacht, bis ihre Protagonisten frustriert und beleidigt von der Bühne abtraten.

Das Guerilla-Theater im Grenzgebiet war jedenfalls eine Parodie der erbitterten Propagandakriege früherer Tage, in denen sich Lautsprecherpanzer gegenseitig mit phonstarken Phrasen beschossen hatten. Doch dann starb Chris Gueffroy, nicht weit von meinem Balkon. Gueffroy wollte im Februar 1989 von Treptow nach Neukölln fliehen und wurde dabei erschossen. Seine Mörder wurden in den Neunzigern von einem Berliner Gericht verurteilt. Gueffroy hatte Honeckers Beteuerung, es gebe keinen Schießbefehl, wörtlich genommen und dafür mit seinem Leben bezahlt. Der Tod dieses jungen Mannes platzte mitten in die verlogenste Phase der friedlichen Koexistenz. Nicht die Mauer, sein tödlicher Fluchtversuch wurde als Störfall wahrgenommen. Seinetwegen sagten West-Delegationen Besuchsreisen in der DDR ab, geriet das Programm auf der Leipziger Frühjahrsmesse durcheinander. In der Lokalredaktion der »taz« haben wir tagelang über den Fall berichtet: über die Stasi-Spitzel auf seiner Beerdigung, über die schlichte Todesanzeige in der Berliner Zeitung, die den Zensoren durchgerutscht war. Mir ging sein Tod nahe, vermutlich, weil er in meinem Alter war. Ich hatte auf meinen als Tagesausflügen getarnten Recherche-Reisen nach Ost-Berlin Menschen wie Gueffroy kennen gelernt. Ich konnte gut verstehen, dass sie aus diesem Plaste-und-Elaste-Staat, der seinen Bürgern Selbstverständlichkeiten vorenthielt, einfach nur abhauen wollten.

Andere entschlossen sich, den Mund aufzumachen und zu bleiben, wie die Leute von der Umweltbibliothek am Prenzlauer Berg oder Aktivisten der »Kirche von unten«. Sie borgten sich ihr Lebensgefühl aus der alternativen Szene jenseits der Mauer, pflegten denselben, leicht abgerissenen Look und waren in ihrem Beharren auf Basisdemokratie sogar noch enervierender als ihre westlichen Widergänger.

Ein Teil der Szene in Kreuzberg und Schöneberg erkannte in den Oppositionellen vom Prenzlauer Berg Brüder und Schwestern im Geiste. In der Alternativen Liste versuchten die Mitglieder der »Deutschland AG« die »Ostler« in ihren Kampf für Demokratie und Menschenrechte zu unterstützen. Flugblätter wurden durch Grenzübergänge geschmuggelt, Aktionen mit vorbereitet. In der »taz« öffnete man den Basisdemokraten vom Prenzlauer Berg sogar eine eigene Seite. Jeden Dienstag schrieben Dissidenten unter Pseudonym über Schikanen der Stasi und Veranstaltungen der »Kirche von unten«.

Doch die libertären Wessis gerieten schnell ins Visier der Staatssicherheit. In der AL löste Mitte der Achtziger der Stasi-Spitzel Dirk Schneider, der seine Affinität zur DDR in politischen Debatten gar nicht verbarg, eine Vertreterin der »Deutschland AG« ab: Rita Hermanns verdächtigte Schneider schon damals, Zuträgerdienste für die Stasi zu leisten. Denn Aktionen, die bislang glatt über die Bühne gegangen waren, flogen plötzlich auf und wurden von der Stasi schon im Vorfeld gestoppt. Der Verräter konnte nur im Geschäftsführenden Ausschuss der AL gesessen haben – Schneider war Mitglied des Gremiums.

Nach und nach verließen die Anhänger dieses Flügels, den Schneider und seine Genossen als reaktionär und revanchistisch denunzierten, die Partei. Rita Hermanns ging von der AL zur »taz«. Dort wartete schon Till Meyer, ein Ex-Terrorist der Bewegung 2. Juni, der sich irgendwann in seinem Leben mit den Kollegen der Stasi auf eine gedeihliche Zusammenarbeit geeinigt hatte. Leute wie er oder Schneider gehörten zur Szene. Sie wurden toleriert nach dem Motto: So welche muss es eben auch geben.

Ich mochte Till Meyer. Wenn er uns nach Redaktionsschluss in einem Ein-Mann-Theater-Auftritt vorspielte, wie er seinerzeit aus dem Knast in Tegel befreit worden war (»Peng! Peng! Da hamse aba jekiekt!«) konnte ich mich kaputtlachen. Er kam mir vor wie ein alternder Cowboy, ein John Wayne, der von seinen Abenteuern in der Prärie erzählte und misstrauisch den Bau der Eisenbahn durch die Wildnis beäugte.

Tatsächlich war Meyer trotz seines desperaten Vorlebens und seines Hangs zu konspirativen Organisationen viel näher an der spießbürgerlichen Welt, die er scheinbar bekämpfte, als er das wahrhaben wollte. Der mit einem mürrischen Boxergesicht ausgestattete Eingeborene lebte in einer großzügig geschnittenen Wohnung in Charlottenburg und führte sonntags einen Golden Retriever durch die Parks. Sein Charakter war vor allem durch jene Berliner Gemütsarmut gekennzeichnet, die der Urbevölkerung der Hauptstadt auch durch Benimm-Kurse (Heute lernen wir: »Bitte!«, »Danke!«, »Auf Wiedersehen!«) nicht auszutreiben ist. Eines aber war anders: Meyer hasste seine politischen Gegner. Das hat ihn schon in der linken »taz« zu einem einsamen Wolf gemacht. Wir machten uns lustig über die andere Seite, aber wir hassten sie nicht. Meyer arbeitete in der Redaktion der Weddinger Wattstraße in einem winzigen, fensterlosen Kabuff, als wolle er freiwillig seine Isolationshaft fortsetzen – wegen der Beteiligung an der

Entführung des West-Berliner CDU-Politiker Peter Lorenz im Jahre 1975 hatte er zwölf Jahre hinter Gittern verbringen müssen.

Meyer war deshalb schon in den achtziger Jahren einer, der nicht mehr in die Zeit passte. Trotz aller linksradikalen Rhetorik war auch der Kreuzberger Blick auf die Wirklichkeit längst nicht mehr so schwarz-weiß wie zur Zeit der K-Gruppen und RAF-Sympathisantenzirkel in den siebziger Jahren. Die politischen Weichzeichner waren schon überall im Einsatz, Partys längst wichtiger als der Aufbau der Partei.

Der Terrorist Till Meyer war ein Berliner Mauerkind. Mit 15 war er unsterblich in seine Cousine vom Prenzlauer Berg verliebt gewesen. Dann kam die Mauer und Till Meyer war todunglücklich. Die Geschichte war so kitschig, daß er sie mir in einer miefigen Kneipe, ganz in der Nähe der Redaktion, die damals noch in der Weddinger Wattstraße war, erst nach ein paar Bier erzählen konnte. Wenige Wochen nach diesem Bekenntnis habe ich ihn zufällig einmal am Grenzübergang Friedrichstraße getroffen. Ich wollte zu einem Protestgottesdienst der »Kirche von unten«. Till sagte, er wolle zu seiner Cousine. Ich sagte, ich wolle zu einer Freundin. Wir lachten, dann gingen wir unserer Wege.

Wir hatten beide gelogen. Meyers Verwandtschaft vom Prenzlauer Berg hatte sich im Laufe der Jahrzehnte von einem jungen hübschen Mädchen in das

Plattenbau-Monstrum in der Normannenstraße verwandelt, hinter der sich die Stasi verborgen hielt. Die Cousine war eine Chiffre für seine Führungsoffiziere bei der Staatssicherheit. Und ich hielt es für besser, ihm meine von der Stasi drangsalierten Freunde nicht auf die Nase zu binden, weil ich wusste, dass Meyer sie nicht mochte. Er hielt sie für reaktionäre Betbrüder.

Damit stand er nicht allein. Kreuzberg war nicht besonders interessiert an der Subkultur im Osten, deren Protagonisten nur ein paar Kilometer weiter für ein paar harmlose Bibelzitate von der Staatsmacht eingebuchtet wurden. Die Nähe der Oppositionellen zur Kirche wurde ihnen von den Apologeten des linken West-Berlins sogar als politisch inkorrekt angekreidet. Dass es außer der Kirche in der DDR kein Dach gab, unter dem Dissidenten Schutz suchen konnten, war den West-Berliner Szene-Fürsten, die ihr politisches Handwerk oft in den K-Gruppen der siebziger Jahre gelernt hatten, vollkommen egal.

Denn der Westen, vor allem der grünbunte, war sich stets selbst genug. Der graue Osten stand dem Hedonismus nur im Weg, und seit dem Mauerfall scheint das Hindernis eher größer als kleiner geworden zu sein. Besonders bitter schmeckte die neue Freiheit denjenigen West-Berlinern, die sich in Kreuzberg an die Mauer geschmiegt hatten, um dort sogenannte »alternative Lebensformen« zu erproben.

Das war ein billiges Synonym für: »Mach was Du willst, auch wenn Dein Stadtteil in Flammen steht.«

Während sich in der zweiten Hälfte der achtziger Jahre die Kreuzberger Jugend – meist Einwanderer aus Schwaben oder anderen übersättigten westdeutschen Regionen – alljährlich zum 1. Mai eine Steinewerfer-Olympiade mit anschließenden Plünderungen genehmigte und hinterher die Westberliner Polizei für »fehlende Deeskalationskonzepte« kritisierte, reichte im Osten schon ein stummer Spaziergang aus, um zum Lager der Staatsfeinde gerechnet und jahrelang in den Knast geschickt zu werden. Das geschah zeitgleich, nur wenige hundert Meter entfernt. Dennoch betrachtete man die Tragödien, die sich Ende der Achtziger im Osten abspielten, so wie einen Spielfilm: Es rührte einen beim Hinsehen, ging dem Betrachter nach Beendigung der Vorstellung aber wieder schnell aus dem Sinn, weil man merkwürdigerweise glaubte, diese Dramen trügen sich weit entfernt zu.

Ein Kollege der Ost-»taz« erzählte mir im März 1990 davon, wie er als junger Bursche in Mitte von der Volkspolizei verprügelt worden war, weil er gerne die Stones hörte. Denn im Jahre 1968 kursierte im Osten das Gerücht, Mick Jagger und seine Truppe würden ein Konzert auf dem Dach des Springer-Hochhauses geben. Die Rolling Stones kamen nicht, stattdessen kam die Stasi und drosch Hunderte von Jugendlichen erbarmungslos zusammen.

So ging es weiter. Die SED hatte kein Verständnis dafür, dass die Bürger des Arbeiter- und Bauern-Staates die Plätze und Straßen der Stadt ungefragt und ohne sozialistischen Auftrag in Besitz nehmen wollten. Ich wurde als Reporter im Frühsommer 1988 Zeuge, wie viele Ost-Berliner in Richtung Brandenburger Tor strömten. Sie hofften, ein paar Musikfetzen von Michael Jackson zu erhaschen, der auf der West-Seite vor dem Reichstag ein Konzert gab. Doch auf Drängen des West-Berliner Senates – damals noch CDU-FDP – hatten die Veranstalter die Lautsprecher so ausgerichtet, dass die Stimme Jacksons nur im Westen zu hören war. Das nannte man dann Entspannungspolitik. Man wollte nicht unnötig provozieren.

Unter den Linden war man entsprechend frustriert. Je näher die Fans dem Brandenburger Tor kamen, desto mehr junge Männer in dünnen, blauen Stoffjacken liefen herum: Schnüffler und Schläger der Staatssicherheit, die sich überhaupt keine Mühe gaben, zu verbergen, für wen sie arbeiteten. Als ein paar Mutige dann »Die Mauer muss weg« skandierten, prügelten die Burschen ohne Vorwarnung los. Einige hatten sogar Elektroschockstäbe dabei, wie sie sonst nur beim Viehtreiben benutzt wurden.

Das war die Stimmung in Ost-Berlin gegen Ende der achtziger Jahre. Es ist erstaunlich, wie es der PDS gelang, die DDR im Rückblick tatsächlich in jene »kommode Diktatur« zu verwandeln, die viele westdeutsche Linke zwar nicht gerade für ihr Traumland, zumindest aber für »den besseren deutschen Staat« gehalten haben.

Während die DDR im Westen heimlich als hässliche, aber letztlich doch gerechte historische Quittung für Auschwitz begriffen wurde, die glücklicherweise in Sachsen und Mecklenburg und nicht in Bayern oder Niedersachsen ausgestellt worden war, verwandelte sich West-Berlin Ende der achtziger Jahre in eine hoch subventionierte Dauervergnügungsanstalt. Ein Tag ohne Champagner war ein verlorener Tag. Erst beleuchteten 1987 die Feuerwerke zur 750-Jahr-Feier die Stadt. 1988 wurde nahtlos weiter gebechert, Berlin war zur Kulturhauptstadt Europas auserkoren worden. Ab und zu gönnte man sich eine kleine Straßenschlacht, die dann im Fernsehen übertragen wurde. So hatten auch die westdeutschen Steuerzahler etwas von der Halbstadt, denn sie bezahlten schließlich Brot und Spiele in West-Berlin – was vom Senat jährlich an Subventionsgeldern verprasst wurde, entsprach genau der Summe, die Baden-Württemberg jährlich beim Länderfinanzausgleich abgeben musste. (Als Rache für den Finanzverlust beförderten die schwäbischen Honoratioren ihre Landjugend dann allerdings zum Studium an die Freie Universität. Unter den Lähmungserscheinungen, die diese Kinderstadtverschickung in Berlin verursachte, leidet die Stadt noch heute.)

Von den Jagdszenen Unter den Linden las man zwar in West-Berlin, doch die Auseinandersetzungen im Milieu drehten sich eher um hungerstreikende Terroristen, weniger um von der Stasi abgeräumte Michael-Jackson-Anhänger. Dutzende wurden verhaftet, die übriggebliebenen Musikfans zogen sich frustriert in die umliegenden Kneipen zurück. Ich lief hinterher. In einer Kneipe im Nikolaiviertel erholten wir uns von dem Schrecken. Es war still in der Gastwirtschaft. Am Nebentisch saßen zwei junge Männer. Sie tranken Bier, schnell und stumm. Manchmal sahen sie sich an, ihr Blick war glasig. Sie wollten betrunken werden, wenn möglich sofort. Das Leben hinter der Mauer war offenbar ziemlich beschissen, besonders dann, wenn Michael Jackson zwar in der Stadt, aber dennoch unerreichbar war.

Für mich waren die Trips nach Ost-Berlin kalkulierbare Abenteuer, die höchstens in einem Verhör am Grenzübergang enden konnten. Für meine Bekannten im Osten war die bleierne Atmosphäre im Frühjahr 1989 kaum noch erträglich. Als die Sache mit Gueffroy passiert war, griff ich wütend zum Telefonhörer, ließ mich mit dem Chef vom Dienst der Amtlichen DDR-Nachrichtenagentur ADN verbinden und bellte los: »Bringen sie heute noch einen Bericht über den jungen Mann, der an der Mauer erschossen wurde?« Der Kollege war total perplex. »Nein. Ich fürchte, über den bringen wir nichts«, sagte er leise. Hinterher hatte ich ein schlechtes Gewissen, denn der ADN-Journalist konnte ja nichts dafür.

In den sechziger Jahren hatten viele Menschen West-Berlin wegen der Mauer verlassen, in den Achtzigern zog die Halbstadt vor allem junge Leute aus Westdeutschland geradezu magisch an. Sie suchten wie ich ein Leben im Niemandsland, ein Dasein zwischen Ost und West, eben einen Balkon über der Mauer, wie ich einen hatte. Denn in dieser betonumkränzten Idylle wurden Träume und Illusionen gezüchtet wie Palmen in den Gewächshäusern des Botanischen Gartens.

Die weißgetünchte Mauer war eine wunderbare Leinwand, eine 120 Kilometer lange Projektionsfläche absurdester Spinnereien, die auch gerne als Visionen ausgegeben wurden. Zwischen den Protagonisten der Kreuzberger Subkultur und ihren meist in Kleinstädten beheimateten Elternhäusern wachte die Rote Armee.

Die linke, grünbunte Selbstverwaltungsszene im Berlin der achtziger Jahre konnte nur im Windschatten dieser Mauer bestehen. Die Berliner Insellage beflügelte linke Fantasten, die, im Schatten der Mauer, von einem dritten Weg träumten, einer Art Öko-Sozialismus, wie sie Gerhard Seyfried damals in seinen Comics persiflierte. Doch die Annahme, die Welt hinter der Mauer hätte rein gar nichts mit unserem Leben davor zu tun, hatte im Spätsommer 1989, kurz vor dem großen Knall, nicht nur die Subkulturen West-Berlins erfasst. Der Regierende Bürgermeister Walter Momper, SPD-Mitglied und immerhin ein

Nachfolger Willy Brandts, war zunächst auch ein Vertreter dieser totalitären Entspannungspolitik. Wie viele andere Politiker blendete er zunächst aus, was er sich schlicht nicht vorstellen konnte: Dass nämlich eine Veränderung des deutsch-deutschen Status nicht etwa durch eine inzwischen wie geschmiert laufende Ost-West-Verhandlungsmaschinerie zustande kommen könne, sondern durch eine Revolution. Eine Volkserhebung im Osten war im Konzept des Wandels durch Annäherung einfach nicht vorgesehen, und die erbärmliche Figur einer schockschwerenotgelähmten sozialdemokratischen Führungselite – der Ehrenvorsitzende Willy Brandt ist davon ausdrücklich ausgenommen – im Vereinigungsjahr 1990, sollte das noch beweisen.

Eine Ewigkeit vor dem Mauerfall, nämlich Ende August 1989, lief plötzlich eine irritierende Meldung über die Agenturen. Die Gründung einer Sozialdemokratischen Partei in der DDR mit dem merkwürdigen Kürzel SDP wurde da angekündigt.

Die »taz« bat den Regierenden Bürgermeister um einen Kommentar. Seine Antwort: »Mit Parteigründungen durch kleine Gruppen kann in der DDR jetzt gar nichts bewegt werden.« – Welch ein gigantischer Irrtum! Mompers Mitarbeiter wurden noch deutlicher: »Wir brauchen keine SPD in der DDR«, verbreiteten sie.

Als der Schutzwall auseinanderbrach, wurde es zugig im Westen, und es verwelkten fast alle Rosen, die auf diesem Misthaufen gewachsen waren. Ein paar resistente West-Berliner Pflanzen gibt es noch, die »taz«, die Ufa-Fabrik, die in die Jahre gekommene Szene am Winterfeldmarkt; Relikte aus einer Zwischenperiode, die jetzt auf Zeitschollen ins Ungewisse treiben.

Wer sich an die achtziger Jahre erinnert, der hat sie nicht erlebt, heißt es. Die Dekade ging am 9. November 1989 endgültig unter. Der Fall der Mauer war so gewaltig, dass er ein ganzes Jahrzehnt vertilgte, – und mit ihm all seine Irrtümer und Peinlichkeiten. Wer will heute schon gerne an den Krefelder Appell, eine lila Latzhose oder die elenden Gewaltdebatten in der Anti-AKW-Bezugsgruppe erinnert werden? Und wer, Genossinnen und Genossen, hat denn im kurzen polnischen Sommer der Anarchie, als die Solidarność ein paar Freiheiten ertrotzte, ehrlichen Herzens mitgekämpft? Der kommunistischen Guerilla in El Salvador fühlte die linke Protestbewegung sich stets verwandter als den komischen Katholiken aus Danzig.

Vielleicht ist das der Grund, warum niemand nachfragt, wenn Gregor Gysi die Existenz der Mauer kurz mit einem schnellen Griff in die marxistische Begriffstrickkiste als »Anachronismus« abtut, so als sei das 28-jährige Einsperren einer Bevölkerung vor allem ein Problem des dialektischen Materialismus. Der Blick von meinem Balkon war kein Blick ins Leere. Er fiel auf eine real existierende deutsche Diktatur, einen Spitzelstaat, der den Ehrgeiz hatte, nichts dem Zufall zu überlassen.

Weil ich beim Ausreisen fast jedes Mal gefilzt wurde, verzichtete ich gezwungenermaßen beim Reportieren über Protestgottesdienste oder Besuchen bei Oppositionellen darauf, schriftliche Notizen zu machen. Ich notierte in einem kleinen Adressbuch lediglich ein paar Namen von, wie ich damals dachte, wichtigen Leuten der oppositionellen Szene. Ich besitze das Büchlein noch. Die Namen, die ich im Sommer 1988 aufschrieb, lauteten unter anderem: Manfred Stolpe, Wolfgang Schnur. Beiden wurden nach der Wende Spitzeldienste für die Staatssicherheit vorgeworfen; Schnurs Karriere in der Ost-CDU war deshalb ziemlich kurz. Es ist mir bis heute unerklärlich, dass die Stasi einerseits das führende Protestpersonal stellte, andererseits aber nicht in der Lage war, die Bewegung tatsächlich zu steuern.

Was am 9. November vor meinem Balkon geschah, habe ich im Fernsehen gesehen. Ich hatte meine Wohnung im September 1989 verlassen, um für einige Zeit bei einer amerikanischen Tageszeitung in Milwaukee zu arbeiten – Teil einer von der US-Regierung finanzierten Journalistenreise.

Am 9. November rief mich der Chefredakteur abends in sein Büro. Ich dachte, er wolle mich rausschmeißen, weil ich heimlich am Arbeitsplatz geraucht hatte. Stattdessen gratulierte er mir zur Deutschen Einheit. Ich bedankte mich artig, so wie ein

Konfirmand sich bei seiner Tante für das Neue Testament bedankt.

Dann sah ich auf CNN die Bilder von den tanzenden Menschen auf dem Brandenburger Tor. Und schließlich kamen die ersten Fotos von Associated Press, jubelnde Berliner mit Sektflaschen am Checkpoint Charlie. Ich traute meinen Augen nicht: Das waren alles »taz«-Kollegen, die da den Grenzoffizier mit ihrer guten Laune bedrängten, Arno Widmann erkannte ich, den Feuilletonisten, der kurz darauf Chefredakteur der »Vogue« wurde, und die Kollegin von der »taz«-Meinungsseite, die heute denselben Job bei der Welt macht. Sie freuten sich alle und hatten den Grenzer offenbar in eine anarchische, »taz«-typische Diskussion verwickelt, denn er machte ein genervtes, angestrengtes Gesicht.

Es passierte also wirklich. Die Mauer war weg. Mir war sofort klar: Ich verpasse die Party meines Lebens. Und weil ich die Berliner kannte, wusste ich sofort: Wenn ich in drei Wochen zurück bin, meckern alle rum und es herrscht Katerstimmung. Ich sollte Recht behalten.

So ein historischer Moment fühlt sich komisch an. Ich stand am News-Desk in Milwaukee, und ich stand neben mir. Meine amerikanischen Kollegen erwarteten irgendwas: Schlaue Worte oder wenigstens ein paar Tränen. Schließlich erlöste mich der Chefredakteur und bat mich, einen Artikel zu liefern. Ich schrieb irgendwas vom Ende des Kalten Krieges, das

Egon Krenz besser sei als sein Ruf und dass wir jetzt eine längere Phase vorsichtiger Annäherung beider deutscher Staaten vor uns hätten, die vielleicht in einer Art Konföderation enden könnte – in etwa 15 bis 20 Jahren.

Am Wochenende luden mich die Kollegen in eine »typische deutsche Bierkneipe« ein, die »Pumuckl« hieß und in der dralle Amerikanerinnen in Dirndl-Kostümen Miller-Bier an die Eichentische bugsierten. Meine Kollegen fanden, der Fall der Mauer müsse gefeiert werden. Von guten Wünschen, Umarmungen einer Wetter-Redakteurin indianischen Ursprungs und messerscharfen Analysen eines nichtrauchenden Wirtschaftsredakteurs bedrängt und begleitet, schaltete ich nach ein paar Bier mein Gehör ab und kramte nach Erlebnissen, die nun unwiderruflich sein würden. So fiel mir in Milwaukee ein, wie ich im August 1989 von meiner Heidelberger Straße in die Elsenstraße gefahren bin. Heute ein Spaziergang von drei Minuten, benötigte ich für die Reise damals gut zwei Stunden. Denn ich musste erst mit dem Bus zum Rathaus Neukölln, dann mit der U-Bahn zum Herrmannplatz, schließlich zum S-Bahnhof Friedrichstraße. Dort reiste ich nach Ost-Berlin ein. Schließlich fuhr ich mit der S-Bahn zum Treptower Park und lief noch mal einen Kilometer zu Fuß Richtung Grenze.

Da stand ich also an der Ecke Elsen/Heidelberger, vor der Hintermauer, die von Osten aus gesehen die

Vordermauer war. 500 Meter Luftlinie nach links erkannte ich die Margeritenstauden auf meinem Balkon. Mir schien, als blickte ich vom Mond auf die Erde. Einen kurzen, aber unvergesslichen Moment lang spürte ich den Impuls, loszurennen und über die Mauer zu springen, um diese beiden hier in der Elsenstraße aufeinander prallenden Unwirklichkeiten Berlins wieder in die Balance zu rücken.

Dieses unbestimmte Gefühl einer Schieflage beschleicht mich noch manchmal, wenn ich die alte Systemgrenze passiere, zum Beispiel im bereits beschriebenen Café Adler. Heute sitzen dort vor allem Touristen, die sich vom Stadtrundgang ausruhen und in Reiseführern blättern. Ich mische mich noch manchmal unter das Publikum, bestelle mir einen Espresso und unterhalte mich ein wenig mit der Kellnerin. Aber dann fremdele ich doch zwischen all den Spätgeborenen und Zugereisten, den Besuchern und Ahnungslosen. Sie sehen nicht, was ich sehe. Sie sehen bloß eine Straßenecke in der Hauptstadt, von der behauptet wird, der Mantel der Geschichte hätte sie gestreift. Dann fühle ich mich einsam, trinke schnell meinen Espresso aus, riskiere um die Ecke noch einen Blick auf meinen alten Arbeitsplatz, die »taz«, und dann muss ich gehen, weil mich sonst diese schreckliche Sehnsucht nach der verlorenen Zeit und eine gehörige Wut auf die Gegenwart packt.

Inzwischen werden in Berlin Reiseführer für Touristen und Radfahrer herausgegeben, auf denen der alte Verlauf der Mauer eingezeichnet ist. Die Leute suchen, wie Vertriebene in Königsberg oder Danzig, nach einem Zeichen, das auf vergangene Zeiten deutet: Nach Betonsockeln und Armeepisten etwa oder nach Bäumen und Sträuchern, deren Größe darauf schließen lässt, das sie sich in der ersten Hälfte der sechziger Jahre ausgesät haben. Sie suchen nach ihrer Westberliner Heimat und den alten Gewissheiten, die nach dem Abriss der Mauer verweht wurden wie Blätter im Novemberwind.

Noch während meines Aufenthalts in den USA begann dieser deutsche Herbst. Auf der sechswöchigen Reise durch die Staaten befreundete ich mich mit einer gleichaltrigen Berliner Kollegin, die ebenfalls in der Kochstraße tätig war – allerdings im Springer-Hochhaus. Vom Club im obersten Stockwerk aus beobachteten wir später, wie Kranwagen die Mauersegmente aus der Verankerung rissen und die Platten dann auf Laster verladen wurden. Der Krieg war vorbei, auch zwischen den Redakteuren im Rudi-Dutschke-Haus und den Beschäftigten im Springer-Bau. Petra und ich waren ein bisschen stolz darauf, dass wir wohl die ersten waren, die einfach Frieden geschlossen hatten.

Immer wieder versuchen einige Schlauberger, aus dem Hochhaus heraus gewisse Teile der deutschen Geschichte umschreiben zu wollen. Sie verrühren die »beiden deutschen Diktaturen« zu einem großen historischen Brei, der anschließend dann an die Opfer der deutschen Geschichte (Ausgebombte, Flüchtlinge, Opfer des Stalinismus et cetera) als Armenspeise verteilt wird. Es gibt aber einen Unterschied zwischen Leichenbergen und Aktenbergen, und jeder, der versucht, diese Tatsachen mit dem Staub der einstürzenden Mauer einzunebeln, betreibt Geschichtsfälschung.

Was uns bleibt, ist der Phantomschmerz. Ein paar Jahre nach der Wende besuchte ich mein altes Viertel. Inzwischen versperrte nicht mehr die Mauer, sondern ein minimalistischer, hyperfunktionaler Sichtbetonklotz, den westdeutsche Kapitalisten auf meinen ehemaligen Mauerstreifen gesetzt hatten, den Blick. Ich sprach mit einem Pensionär, der etwas verloren die Straße am inzwischen nur noch für ihn und andere Eingeweihte sichtbaren Mauerstreifen entlangschlenderte. Nachdem ich mich als ehemaliger Bewohner des Grenzgebietes zu erkennen gegeben hatte, fasste der Mann Vertrauen. Er räumte ein, es sei nun zwar möglich, die preisgünstigen Ost-Saunen besuchen zu können. Auch am Müggelsee sei er schon gewesen, der mit dem Wannsee jedoch trotz seines bemerkenswert klaren Wassers kaum zu vergleichen sei, weil der Wannsee eben der Wannsee und keineswegs der Müggelsee sei. Dann wurde er vertraulich: »Früha ha ick mein Auto imma längs jeparkt, direkt vor de Maua. Denn jaabs keen Scheimkratzn morjens, keen Frost, weil: Die Maua hat jewärmt.«

Der kurze Sommer der Anarchie

Der 20. Februar 1990 war ein ganz normaler Tag im neuen Deutschland. Zwischen Brandenburger Tor und Reichstag hatten Bulldozer die Mauer eingerissen, und was einige Wochen zuvor noch als Sensation gegolten hätte, wurde nun unter routiniertem Jubel als Fototermin abgefeiert. Die »taz« brachte ein Bild auf der Seite eins – unter dem Bruch – und einen Vierspalter auf Seite 27. Ich hatte nach Redaktionsschluss noch keine Lust, nach Hause zu fahren, denn in Neukölln war auch nach dem Mauerfall noch immer nichts los. Die Leute dort verkrochen sich nach Einbruch der Nacht in ihre Häuser, außer einigen verrauchten Trunksuchtanstalten gab es kaum öffentliche Gastronomie. Also steuerte ich, wie schon oft, das Café Adler an, das direkt um die Ecke lag. Und da merkte ich es.

Es war Frühling, mitten im Februar. Ein lauer Wind zog von Osten die Friedrichstraße hinauf, drehte Pirouetten, trieb Zeitungen vor sich her in den

U-Bahn-Schacht und fegte leere Zigarettenschachteln über die Straße. Ich blieb einen Moment an der Kreuzung Kochstraße stehen und ließ den Strom der Zeit an mir vorbeirauschen. In einem stillen Moment überquerte ich vorsichtig die Straße, denn damals, im Februar 1990, musste man höllisch aufpassen, nicht unter die Räder einer rasenden Epoche zu kommen.

Ich setzte mich auf meinen Stammplatz ins Café Adler, das vom Ende der Welt zu ihrem Logenplatz geworden war und sah den Grenzbeamten der DDR bei der Arbeit zu. Hin und wieder öffneten die Männer lustlos einen Kofferraum, meistens winkten sie die ausländischen Passanten, die von hüben nach drüben wollten, aber einfach durch. Die Grenzer trugen tellerminengroße Uniformmützen und wussten, dass sie bald überflüssig sein würden. Aber sie hatten ihr Schicksal akzeptiert. Inzwischen akzeptierten die Grenzer sogar Euroscheckkarten als Ausweis beim Übertritt. Dabei lächelten sie freundlich, so als wollten sie sagen: »Wir sind gar nicht so, wie ihr glaubt.« Aber innerlich sind die Grepos in solchen Momenten wahrscheinlich verblutet, denn eine kapitalistische Scheckkarte als Reisedokument beim Eintritt in das Staatsgebiet der Deutschen Demokratischen Republik zu akzeptieren, das war so ziemlich das Letzte, was ein DDR-Grenzer erleben wollte. Die Grepos waren die größten Verlierer des Kalten Krieges. Ihr bisheriges Leben war nichts als ein in einem schneidigen Ton vorgetragener Irrtum gewesen.

Am nächsten Tag geschah dann das Wunder. Die Sonne hellte die Stadt morgens mit einem klaren, vielversprechenden Licht auf. Zwischen November und März ist Berlin eigentlich unbewohnbar, Spätherbst und Winter gelten als verlorene Jahreszeiten, weil der Himmel von einem schmierigen Grau beherrscht wird, das die Tage noch kürzer macht und die Seele zerdrücken kann. Doch zum Jahreswechsel 89/90 triumphierte der Weltgeist über die Natur. Seit man in Berlin Temperaturen gemessen hatte – immerhin seit 160 Jahren – war es in einem Februar nie so warm gewesen. Am 21. Februar 1990, knapp vier Wochen vor den ersten freien Wahlen der Volkskammer, kletterte das Thermometer auf 18,6 Grad Celsius, und die DDR ging vor Frühlingswärme endgültig aus dem Leim.

Ich war nicht der einzige, der bemerkt hatte, dass etwas in der Luft lag. Zehntausende waren bei diesem Bürgerwetter losgezogen, und ich glaube, dass die eigentliche Wiedervereinigung an diesem Tag stattfand und nicht etwa am 9. November und schon gar nicht später, am staatlich festgesetzten Nulltermin 3. Oktober. Die Berliner ließen sich zum ersten Mal Zeit beim Betrachten der jeweils anderen Halbstadt. Staunend zog man durch die Straßen. Kein Frost zwickte, kein Vopo nervte; die Stadt machte blau, und die ganze wacklige Angelegenheit »Vereinigung« bekam plötzlich etwas sehr Solides, Unumkehrbares.

Der sowjetische Block bröckelte weg wie eine poröse Lehmhütte. Wenige Tage zuvor hatte Moskau sogar zu einer NATO-Mitgliedschaft des neuen Deutschlands sein Einverständnis gegeben. Und während die Sonne die riesigen Pfützen des Polenmarktes am Potsdamer Platz austrocknete, ließ ich mir von einem Meteorologen das Hoch über Mitteleuropa erklären. Jahrzehntelang hatten die Berliner auf einem Pulverfass gelebt. Heute saßen sie, so erklärte mir der Mann, auf einer Schaukel: »Die Temperatur schwingt hin und her.« Während in Berlin die ersten Stühle vor die Cafés gestellt würden, werde Kanada just im selben Moment Opfer eines grimmigen Winterangriffs bei Minus 20 Grad. Die meteorologische Ursache sei dieselbe. Nächstes Jahr, philosophierte er weiter, könne alles auch genau anders herum kommen: Februarhitze in Toronto, gefrorener Wannsee in Berlin.

In politischer Hinsicht geschah in Europa genau das gleiche. Das Verschwinden des realen Sozialismus in Berlin und der DDR führte zunächst zu einem fröhlichen Chaos; Volkspolizisten waren plötzlich freundlich, und die Bürokraten im SED-Staat versprachen eigentlich alles, was man von ihnen wollte, wenn sich ein Haufen Bürger mit Transparenten vor ihren Bürohöhlen aufbaute: Lohnerhöhungen, Vollbeschäftigung und natürlich Stasi in die Produktion. Die westdeutschen Politiker boten eifrig mit: Die D-Mark wurde versprochen, goldene Fußgängerzonen geplant und neue Autobahnen vom Kap Arkona bis zum Erzgebirge in Aussicht gestellt. Das Schlaraffenland war gar nichts gegen jenes Fantasiegebirge, das man sich im Februar 1990 erträumte.

Während in Deutschland zum ersten Mal Anarchie ausbrach und die Phase einer chaotischen direkten Demokratie begann, löste die Implosion des Kommunismus ein paar Flugstunden südöstlich ganz andere Verhältnisse aus: Im Kosovo begann in diesen Tagen der Krieg zwischen Serben und Albanern; und es sollte zehn Jahre dauern, bis wieder ein fragiler Friede auf dem Amselfeld einzog. Der aggressive Nationalismus, der den Kommunismus als Idee des Vielvölkerstaates Jugoslawien ablöste, ist aber bis heute geblieben und tritt immer wieder als bewaffneter Albtraum in Erscheinung.

Die sich anbahnende Katastrophe auf dem Balkan registrierten damals nur wenige. Von den blutigen Demonstrationen in Pristina, den ersten Toten in Sarajevo und den Aufmärschen der Kroaten in Zagreb wollte ich auch gar nicht so viel wissen. Und dass in Afghanistan nach dem Abzug der Russen bald ein noch viel blutigerer Krieg zwischen eben noch verbündeten Milizen ausbrechen sollte, ahnte ich nicht einmal. Ich verstand diese Konflikte nicht. Da schien jeder gegen jeden kämpfen zu wollen, aus Gründen, die mir nicht einleuchteten.

Mit dem beschwingten Lebensgefühl von Berlin hatte das überhaupt nichts zu tun. In der Hauptstadt fiel man sich – noch – in die Arme. Das Frühjahr ging dahin, und um meinen Arbeitsplatz in der »taz« herum platzte eine linke Seifenblase nach der anderen. Die CDU gewann die Volkskammerwahl, obwohl fast alle Meinungsforscher mit einem Sieg der SPD gerechnet hatten. Viele Umfragen waren per Telefon zustandegekommen – und wer hatte in der DDR bitte schön ein Telefon? Die Ergebnisse der Wahl zur Volkskammer bewiesen deshalb vor allem, dass wir Schlaumeier im Westen vom Osten und seinen Bewohnern nicht die geringste Ahnung hatten.

Ich fragte meinen Onkel, was mit den Ossis los sei; warum sie ausgerechnet einer Blockpartei ihr Vertrauen schenkten. In den späten Fünfzigern war er als junger Mann aus Sachsen-Anhalt nach Hamburg geflohen. Er gestand mir, bei seiner ersten Wahl im Westen seinerzeit auch für die CDU gestimmt zu haben, »um mich vom Sozialismus möglichst weit weg zu wählen. Beim ersten Mal musste das so sein«. In den folgenden Jahrzehnten hat er sein Kreuz dann, wie bereits sein Vater, freilich immer bei der SPD gemacht: erst Freiheit, dann Brüderlichkeit, eine ausgesprochen vernünftige Reihenfolge.

Als Bundeskanzler Helmut Kohl auch noch die Einführung der D-Mark zum 1. Juni ankündigte, hätte die SPD unter der glorreichen Führung eines Stasi-Spitzels namens Ibrahim Böhme und eines Skeptikers der Einheit, Oskar Lafontaine, eigentlich einpacken können. Eine rot-grüne Republik schien im

Frühjahr 1990 ungefähr so realistisch wie Palmen am Ahlbecker Ostseestrand.

Als dann auch noch die Sandinisten die Wahlen in Nicaragua verloren, flossen in der morgendlichen Redaktionskonferenz der »taz« bittere Tränen. Das war einfach zuviel an Wirklichkeit. Einige Redakteurinnen, die besonders laut in ihr Taschentuch schnäuzten, waren in den Achtzigern bei freiwilligen Ernteeinsätzen nach Managua geflogen, weil sie sich von der Regierung Daniel Ortegas so etwas wie die Errichtung eines demokratischen Sozialismus und durch das Abernten von Kaffeebohnen so etwas wie eine revolutionäre, persönliche Läuterung versprochen hatten. Aber die Nicaraguaner dachten nicht daran, die Blütenträume westdeutscher Linker zu erfüllen, und wählten sich lieber eine Konservative zur Präsidentin, die dann den blutigen Bürgerkrieg zwischen Contras und Sandinisten beendete. Ortega, der heute ganz in Rosa gekleidet als Erweckungsprediger durch Nicaragua tingelt und neben Lafontaine eine der traurigsten Figuren ist, die die Linke jemals hervorgebracht hat, war dazu nicht imstande gewesen.

Während überall der Lack abbröckelte, suchte ich nach meiner Geschichte in Berlin. Nicht irgendeiner Geschichte. Ich suchte einen Knüller. Ich war sicher, dass er irgendwo auf mich wartete.

Eines Morgens klingelte das Telefon auf meinem Schreibtisch, der mit Presserklärungen, fettigen Manuskripten und »taz«-internen Strategiepapieren übersät war. Eine männliche Stimme sagte: »Morgen früh holt Alexander Schalck-Golodkowski heimlich Unterlagen aus einem Gartenhaus nördlich von Berlin. Seien Sie pünktlich um acht Uhr morgens mit einem Auto an der Kreuzung Breite Straße/Ecke Rathausstraße in Mitte. Folgen Sie dem Transportfahrzeug der Speditionsfirma X.« Ende.

Ich war baff und zündete mir trotz des allgemeinen Rauchverbots im Kollektiv eine Zigarette an. »Rauchverbot!« gellte sofort eine schrille, mit schwäbischem Idiom unterlegte Stimme durchs Großraumbüro. Ich lief ins Treppenhaus und jubelte. Auf so einen Anruf hatte ich mein Leben lang gewartet, genauso wie ein Taxifahrer sein Leben lang auf den Satz wartet: »Folgen Sie dem Auto da vorn. Geld spielt keine Rolle.«

Alexander Schalck-Golodkowski, der da insgeheim seinen Umzug vorbereitete, wurde in der DDR steckbrieflich vom Generalstaatsanwalt gesucht. Es handelte sich um einen notorischen Devisenschieber. Im direkten Auftrag Erich Mielkes hatte er 1983 mit Franz Josef Strauß einen Milliardenkredit für die DDR eingefädelt. Nun lebte er unter dem Schutz des Bundesnachrichtendienstes in Rottach-Egern am Tegernsee. Er war übergelaufen und den West-Fahndern bei der Suche nach dem SED-Milliardenvermögen behilflich.

Aber das ahnte ich damals noch nicht. Ich wusste nur, dass Schalck neben dem DDR-Führer Erich Honecker und dem Stasi-Chef Erich Mielke zu den meistgehassten Vertretern des Regimes gehörte. Eine Geschichte über Schalck war in diesen Tagen immer eine Geschichte auf Seite eins.

Am nächsten Tag wartete ich also ab viertel vor acht mit einem weiteren Kollegen, den ich eingeweiht hatte, und einem Fotografen in meinem kleinen Renault an besagter Kreuzung. Nach zehn Minuten kam der Umzugswagen. Dann begann die erste Verfolgungsfahrt meines Lebens. Sie verlief, trotz des Berliner Großstadtverkehrs, ganz gemütlich. Beunruhigend war nur, dass neben meinem Wagen und dem Opel meines Kollegen sich noch ein drittes Auto für den Umzug interessierte. Ein weißer Ford-Transporter, dessen Heckfenster mit silbernem Sichtschutz abgedunkelt waren, hatte sich ebenfalls auf die Fährte gesetzt.

Der Konvoi zog über den Alexanderplatz, nahm eine Magistrale nach Norden, fuhr auf den Berliner Ring und dann schließlich auf die Autobahn Richtung Stettin. Nach 90 Minuten verließ der Möbelwagen die löchrige Piste und fuhr über Land. Am späten Vormittag landeten wir in einem Waldstück nahe des kleinen Ortes Gollin am Rande der Schorfheide in der Uckermark.

Der Möbelwagen verschwand in einem kleinen Feldweg und fuhr auf ein mit einem Maschendraht abgesichertes Grundstück. Wir parkten die Autos hinter ein paar Büschen. Ich hatte mich gerade hinter einem Baum versteckt, als ein blauer Mercedes vom Hof fuhr. Ein Wessi zu Besuch in Schalcks Datsche? Die Sache wurde immer mysteriöser.

Die Besatzung des geheimnisvollen Ford-Transporters entpuppte sich übrigens im Wäldchen als Filmteam des Senders Freies Berlin. Wir hatten uns gegenseitig für finstere Agenten gehalten. Nun legten wir uns gemeinsam auf die Lauer und beobachteten, was hinter dem Maschendrahtzaun vor sich ging.

Die Möbelpacker hatten mit ihrer Arbeit bereits begonnen. Sie schleppten lauter Habseligkeiten aus dem Flachbau, Lampen und Bücher, Kissen und Pflanzen. Keine Aktenschränke, keine Geldkoffer, keine Goldbarren – schade. Schalcks Datsche lag im Wald am Golliner See und war weit und breit das einzige Häuschen. Der SFB begann die Möbelpacker bei der Arbeit zu filmen. Ein kräftiger kleiner Kerl, der sich bald als Schalcks Schwager vorstellte, drohte den Kameraleuten mit der Faust. Aber er konnte nichts machen. Dann geschah erst mal nichts weiter.

Ich wurde ungeduldig. Für eine Seite-eins-Geschichte passierte eindeutig zu wenig. Ich überlegte, wie man etwas Substanz in die Angelegenheit bekommen könnte. Dann fuhr ich ins Dorf. Der Ortskern war ziemlich überschaubar und bestand aus einem Dorfkrug, einer Kirche aus Fachwerk und einem Konsum. In Gollin lebten nur 150 Menschen. Ich fragte im Konsum nach einem Telefon. »Da hinten«, sagte der Verkäufer, der gerade Äpfel sortierte und sich mit einer Kundin unterhielt. Er sah mich misstrauisch an. Dann fragte ich nach der Nummer der nächstgelegenen Polizeidienststelle. Nun ließ der Verkäufer mich nicht mehr aus den Augen.

Dann wählte ich die Nummer. Kaum hatte ich jemanden am Apparat, sagte ich laut und vernehmlich, damit es auch jeder im Laden mitbekam: »Bei Schalcks in Gollin wird gerade eingebrochen. Bitte kommen Sie schnell.« Dann legte ich auf. Ich lächelte den verdutzten Verkäufer an, bezahlte das Gespräch und verabschiedete mich freundlich.

Nun lief alles von selbst, ich musste nur noch notieren. Als erstes kam die Bürgermeisterin angeradelt, eine Frau Hasse vom Neuen Forum. Sie fragte nach dem Verantwortlichen. Zögernd stellte sich ein Kreisstaatsanwalt vor. »Hagen, mein Name, die Sache hier geht in Ordnung.« Er hatte das Siegel des Grundstücks aufgebrochen und packte nun beim Umzug des meistgesuchten Mannes der DDR kräftig mit an. Frau Hasse, eine energische Person von Anfang 30, empörte sich: »Unmöglich, Seilschaften, Sauerei.« Dann trommelte sie ihre Bürger zusammen. Während die Möbelpacker, hinter Sichtblenden aus Pappe vor Kameras und neugierigen Blicken geschützt, weiter Meißner Porzellan, Bilder, Kleidungsstücke und Möbel verluden, blockierten bald dreißig Golliner den schmalen Zufahrtsweg zum Grundstück. Zwei Dorfbewohner versperrten mit einem

Wartburg und einem Trabant den Feldweg. Nun ging gar nichts mehr. »Das ist alles nur Kleinkram und persönlicher Besitz, Bodyslips und so was«, beteuerte der Kreisstaatsanwalt. Ein ganzer Möbelwagen Bodyslips? Die Bürgermeisterin entsandte abermals Boten ins Dorf, die Verstärkung holen sollten.

Herr Hagen wurde nervös. »Nehmen Sie mich als Gefangenen, aber lassen Sie bitte den Möbelwagen durch!«, bot er den Demonstranten an. Das Angebot wurde von der Golliner Basisbewegung nach kurzer Debatte abgelehnt. Dann tauchte aus dem Haus ein zweiter Staatsanwalt auf, ein Herr Dietze, diesmal einer aus Berlin. Der Umzug sei eine Aktion im Rahmen des Ermittlungsverfahrens gegen Schalck, behauptete er. Die Golliner blieben unbeeindruckt. »Wenn wir das Zeug nicht kontrollieren können, bleibt das hier!«, erklärte die Bürgermeisterin, die noch nicht lange im Amt war.

Schließlich rollte noch ein Wartburg an, und der leitende Staatsanwalt in Sachen Schalck, ein Herr Berthold aus Berlin, bahnte sich seinen Weg durch die Menge. Die drei Staatsanwälte, die allesamt auch schon im früheren Regime gedient hatten, tuschelten hinter dem Möbelwagen und wussten nicht weiter. Vor dem Zaun machte man es sich unterdessen bequem.

Wohin die Ladung gehen solle, wurde gefragt. Die Staatsgewalt druckste herum. Warum man einen Möbelwagen aus West-Berlin brauche. Schweigen. Ob

Herr Schalck jetzt seine Sachen wiederbekomme, obwohl nach ihm gefahndet werde. Keine Reaktion. Warum das alles so heimlich geplant worden sei, schließlich habe nicht mal die Bürgermeisterin was gewusst. »Damit keine Unruhe in der Bevölkerung entsteht!«, antwortete Herr Dietze. Ob dieser Antwort entstand sofort Unruhe. »Det janze Zeug von diesen Vabrecha jehört eijentlich uns! Vierzig Jahre habt ihr uns betrogen! Und nun deckt ihr so eine Sauerei! Dem werden die Sachen noch hinterher getragen!«

Dann fuhr ein Wagen der Volkspolizei vor. Nach Instruktion durch den ranghöchsten Staatsanwalt stiegen sie wieder ins Auto. Was nun passiere, wurden sie gefragt. »Nüscht!«, meinte einer der Vopos. Tatsächlich passierte »nüscht«. Die Möbelpacker luden die Kisten zurück ins Haus und guckten wegen des Fußballspiels am Abend nervös auf die Uhr. Sie waren im Begriff, das Spiel der deutschen Mannschaft gegen England zu verpassen, und das nur wegen eines ostdeutschen Devisenschiebers, der offenbar einen ganz schlauen Deal mit dem westdeutschen Bundeskriminalamt und der ostdeutschen Regierung von Lothar de Maizière gemacht hatte.

Der Schwager von Schalck ließ seinen Wagen von den Gollinern kontrollieren und durfte passieren. Kreisstaatsanwalt Hagen, der am Morgen das Siegel aufgebrochen hatte, brachte ein neues an. Herr Berthold, der die Aktion gern, wie er betonte, »vor meinem Urlaub« über die Bühne gebracht hätte, fuhr stöhnend mit Herrn Dietze zurück nach Berlin. Dann wurde auch der leere Möbelwagen durchgelassen, die Möbelpacker rasten zum Fernseher und kamen gerade noch rechtzeitig zum Elfmeterschießen nach Hause (das Deutschland mit 5:4 für sich entschied). Die Golliner harrten noch ein bisschen vor dem Maschendrahtzaun aus. Sie fühlten sich zum ersten Mal als Sieger. Dabei ließen sie eine Pulle Kirschlikör kreisen, denn Revolutionen schmecken am Anfang immer berauschend süß.

Geschichten wie diese aus Gollin waren im Sommer 1990, als Deutschland Weltmeister wurde, keine Seltenheit. Die herrschende Klasse im Osten und ihre Lakaien machten sich überall aus dem Staub oder gaben klein bei. Ein Jahr zuvor hätte sich in Gollin niemand auch nur in die Nähe von Schalcks Grundstück gewagt, das damals noch von Dobermännern bewacht wurde. Nun forderten die Bürger die Sozialisierung der Datsche, da das Grundstück ohne Beschluss der Gemeindeverwaltung mitten im Naturschutzgebiet gebaut worden war – per Anordnung von Erich Mielke, der seinem Agenten Schalck eine Freude machen wollte. Die Geschichte über Schalcks verschobenen Umzug landete tatsächlich auf der Seite eins. Aus unerfindlichen Gründen verzichtete der SFB auf den Beitrag, was die Reporterin an den Rand eines Nervenzusammenbruchs brachte. So erntete die »taz« allein den Ruhm, zur richtigen Zeit am richtigen Ort gewesen zu sein. Schalck war das freilich egal. Er hatte seine Schäfchen längst ins Trockene gebracht und ließ sich am Tegernsee die Sonne auf den beträchtlichen Bauch scheinen.

Der deutsche Sommer der Anarchie, in dem Dorfbewohner Sitzblockaden veranstalteten, Häftlinge in DDR-Gefängnissen von ihren Wärtern plötzlich Bohnenkaffee an die Pritsche gebracht wurde und bärtige Pfarrer Spitzenpositionen in der Politik bekleideten, endete am 3. Oktober 1990. An diesem Tag wurde die Einheit vollzogen – und, ja, diesen Vollzug muss man sich so vorstellen, wie er klingt. Es war der Tag, an dem das fröhliche ostdeutsche Chaos von der bundesrepublikanischen Ämterordnung zum Frühstück gefressen wurde.

Ich werde den 3. Oktober genauso wenig vergessen wie den 20. Februar. Ich war auf die Insel Rügen gefahren; sechs Stunden mit dem Auto durch die halbe DDR am vorletzten Tag ihrer Existenz. Es war ein schöner Tag. Das Laub in den vorpommerschen Alleen leuchtete wie Gold, Valuta für Revoluzzer. Am Wegesrand fand sich alle paar Kilometer eine Imbissbude, mehr war den Leuten hier zum Thema Aufschwung Ost an Eigeninitiative nicht eingefallen. Eine Imbissbude hieß tatsächlich »Trixis Senfpeitsche« und ich nahm an, dass es dort neben Buletten auch noch ganz andere heiße Sachen gab.

Ich fuhr nach Binz. Von den alten Fassaden der Villen blätterte der Putz. Ich stieg in einem Hotel ab und zahlte 15 Mark pro Nacht, dafür sollte ich das Bett selbst beziehen. Abends saß ich im verrauchten Speisesaal und aß Fischsuppe. Ein junger Mann fütterte einen Glücksspielautomaten mit Münzen, der Automat quittierte jede Mark mit einer blöden Melodie. Ein paar Tische weiter redete ein Paar auf einen Dritten ein. Der Mann und die Frau waren trotz des Samstagabends betont geschäftsmäßig gekleidet – die Frau trug ein Halstuch aus Seide, der Herr einen Dreiteiler, der schlecht saß. Es waren zweifelsfrei Wessis. Ihrem Gesprächspartner, der kaum zu Wort kam, stand ein grauschwarzer Bart im Gesicht, er trug Cordhosen und Pullover: ein Bilderbuchbürgerrechtler. Die Westdeutschen sagten: »Das kann jetzt alles nur die CDU. Ihr müsst alle CDU wählen.« Der Ostdeutsche hörte sich das schweigend an. Irgendwann sagte er: »Und was ist mit der Bürgerbewegung?« Die Wessis sahen ihn irritiert an. Dann bestellten sie ihm noch ein Bier und klopften ihm auf die Schulter wie einem Fußballtrainer, dessen Mannschaft ordentlich gekämpft hat, die aber nun trotzdem in die zweite Liga absteigt.

Am nächsten Abend wollte ich mir den Kreidefelsen ansehen. Das war schwierig: Näherte ich mich diesem deutschen Urbild doch vom Lande her. Den besten Blick auf die weiße Küste hat man vom Wasser aus, es ging aber gerade kein Schiff. Also fuhr ich meinen rostigen Renault nach Nordost, parkte auf einer Wiese und lief dann einige Viertelstunden durch einen Mischwald. Das Laub lag schon überall herum und glänzte in der Sonne. Ich machte ein paar Schritte vom Wege. Da sah ich einen Fliegenpilz aus dem feuchten Moos wachsen, scharlachrot, mit schneeweißen Flecken. Als ich ihn berührte, schoss er wie eine Rakete aus der feuchten Erde in den Himmel, der Stiel wurde immer länger, der Hut immer breiter. Ich sprang auf und wir flogen lustig durch den deutschen Herbst. Mir wurde ein bisschen schwindlig, als ich nach unten blickte: der Kreidefelsen strahlte an der Küste; noch lag Rügen fest vertäut vor Deutschland. Ein bisschen weiter unten im Lande sah ich die Golliner Bürger ein Erntedankfest vor der Fachwerkkirche feiern; das ganze Dorf war mit schwarzen Girlanden geschmückt. Frau Hasse führte eine Prozession an und warf Tollkirschen unters Volk. In Berlin explodierte ein Feuerwerk über dem Brandenburger Tor, aber die Stadt schlief, der Pariser Platz war gähnend leer. Tief im Süden aber, vor den hohen Bergen, saß ein dicker, großer Mann in einem Restaurant am Tegernsee. Er aß Krustenbraten, trank Weißbier, hatte Lederhosen an, hob immer wieder einen vollen Bierkrug in die Höhe und sagte: »Die Jeschichte jloobt mir keen Mensch!«

Der Weg nach Caputh

Wenn über dem Schwielowsee endlich die Sonne ins stille Wasser taucht und in den Brandenburger Kleingärten sich nach Graben, Jäten, strenger Mittagsruhe, Pflanzen und Zupfen schließlich brav der Grillrauch in den Himmel hebt und in unserem 500 Quadratmeter kleinen neuen Deutschland Schrebergartenstille einkehrt; wenn ich also die Hauptstadt mit ihrer Hektik, Hybris, Haltlosigkeit und ihren Hypotheken endlich im preußischen Südwesten hinter mir gelassen habe und im Liegestuhl meinem Kolonienachbarn beim stolzen Mustern seiner Dahlien zusehe, dann denke ich gern an Herrn Scholz zurück; jenen ebenso abgerissenen wie alterslosen fliegenden Händler aus Charlottenburg, der sich mir mit seiner schnoddrigen Barmherzigkeit im grauen November 1987, zwei Jahre vor dem Mauerfall, als guter Mensch von West-Berlin ins Gedächtnis brannte. Und natürlich habe ich dann auch sofort Frau Floess vor Augen, diese DDR-Rentnerin aus

Potsdam. Scholz trug einen langen, graugrünen Kunstledermantel, sie einen knallroten Pullover, an dem vermutlich keine Faser Naturwolle war. Der Insulaner und die Ostdeutsche saßen bei einer Charlottenburger Auktion von Fundsachen und Erbstücken damals zufällig nebeneinander, zwei Königskinder auf Fronturlaub. Und in diesem Moment begann das Großstadtmärchen, das gleichwohl eine wahre Geschichte ist, wie sie sich eben nur im zerrissenen Berlin zutragen konnte.

Scholz war als Antiquitätenhändler und Flohmarktverkäufer auf der Jagd nach Ohrringen, Brillanten, Ketten und Broschen, er suchte goldene Armbanduhren wie Hochzeitsringe und erkannte den Wert der hier anlässlich einer Versteigerung im Bezirksamt ausgebreiteten Schmuckstücke schon auf den ersten Blick. Bei den von Westberliner Beamten sorgfältig in Plastiktütchen und mit Durchlaufnummern versehenen Gegenständen handelte es sich um Erbsachen, die keine Erben mehr gefunden hatten und deshalb von einem staatlich bestellten Auktionator, einem gewissen Herrn Pohlmann, zum Aufruf kamen. Für den untersetzten Herrn Scholz war diese Veranstaltung im trist beleuchteten Auktionshaus in der Wintersteinstraße ein Routinetermin, doch für die zierliche Frau Floess spielt sich an jenem nassgrauen Novembervormittag das ganze Drama ihres zerfledderten deutsch-deutschen Lebens noch einmal ab.

Nervös rutscht sie auf dem Holzstuhl hin und her, starrt mit flackernden, verweinten Augen auf die Auktionsbühne, wo Herr Pohlmann in einem dunklen Anzug mit geölter Stimme den Nachlass kleiner Leute an Händler und Schnäppchenjäger verhökert. Die DDR-Bürgerin Floess schnäuzt sich hin und wieder die Nase und tupft sich mit einem Stofftaschentuch alle paar Minuten ein paar Tränen aus den 62 Jahre alten Augen. Ursula Floess wartet auf Posten 110. In dem transparenten Päckchen befindet sich die Taschenuhr des bereits in den fünfziger Jahren verschiedenen Polizeihauptmeisters Albert Floess; außerdem das Hochzeitsdiadem seiner Gattin Else, die 1982 das Zeitliche segnete, zudem die Trauringe des Paares. Für Scholz, der lässig einen Tausendmarkschein nach dem anderen aus der linken Cordhosentasche zieht, ist der Floesssche Nachlass eigentlich nur »Schrott«, Kleineleuteschmuck, an dem die Sammler am Wochenende auf dem Flohmarkt in der Straße des 17. Juni achtlos vorbeischlendern.

Doch ohne Posten 110 kann Frau Floess offenbar nicht weiterleben. Sie ist verzweifelt, und je länger und beherzter sie von ihrem Unglück erzählt, desto mehr Auktionsbesucher hören ihr zu; und es scheint, als hätte die Rentnerin schon immer darauf gewartet, vor türkischen Schnäppchenjägern, Charlottenburger Luden und Profi-Einkäufern wie Herrn Scholz ihr Leben auszubreiten.

Das kinderlose Ehepaar Floess hat die Waise Ursula großgezogen; Nazizeit, Bombenkrieg und Hungerwinter erlebte Ulla in Friedenau. 1947 zog die 22-Jährige dann der Arbeit wegen in den Osten, in einen anderen Berliner Bezirk. Jeden Sonntag fährt sie mit der S-Bahn zu den Eltern, doch nach dem 13. August 1961 kommt sie, wie alle anderen Ost-Berliner auch, nicht mehr rüber. Solche Geschichten gab es zwar tausendfach in dieser Stadt, die man nicht geteilt, sondern seinerzeit mit einem Schlag wie einen Holzscheit gespalten hat. Aber heute, am 26. November 1987, ist Ulla Floess an der Reihe, sie schnäuzt sich und redet und flüstert und fleht und zählt immer wieder ihr Geld: 450 Mark West, darauf hat sie in Potsdam lange gespart. Seit dem Tod von Else Floess versucht sie das Familienerbe, das ja hinter der Mauer im Westen liegt, zusammenzuhalten. Im Testament wird sie ausdrücklich genannt. Aber weil erstens keine Blutsverwandtschaft vorliegt und sich zweitens der Eiserne Vorhang zwischen Erbin und Nachlass gesenkt hat, »kann man da ja nüscht machen«, wie ein Charlottenburger Beamter Frau Floess nach ihren unzähligen Eingaben erklärt. Immerhin hat man die bezeichneten Habseligkeiten kulanterweise zusammengefasst.

Pohlmann ruft auf: »Posten 110!« Floess wimmert: »450 Mark. Wenn dett bloß reicht!« Das ist das Stichwort für Herrn Scholz, der die ganze Zeit ruhig zugehört, seine Tausender gezählt und sich ab und zu mit schnellen Geboten und sicheren Handbewegungen einen Posten gesichert hat. Er nestelt aus Verlegenheit an seiner Brille, lugt hinüber zur Nachbarin und sagt dann mit fester West-Berliner Stimme: »Lassense ma. Ick mach dett schon.«

Pohlmann listet auf: »Ein Hochzeitsring, 585er Gold. Ein weiterer Ring, 700er Gold. Ein versilbertes Diadem, zwei Ohrringe, auch Gold.« Ruckzuck schaukelt sich die Sache hoch, 150, 200, 300 Mark. »Nun machen Sie doch was!« fleht Floess. Doch Scholz bleibt cool. Bei 370 Mark schaltet er sich ein, drückt mit ein paar Gesten den Preis nach oben und bekommt bei 510 Mark den Zuschlag.

»Soviel hab ich doch gar nicht!« ruft Floess entgeistert.

»Macht nix. Dett schenk ick Ihnen.«

Dann steht Scholz auf, holt sich Posten 110 bei Pohlmann ab, wirft den Familienschmuck seiner ungläubig staunenden Nachbarin in den Schoß, rückt sich die dicke Brille zurecht, grinst, und bevor sich der gute Mensch von West-Berlin in den zugigen Charlottenburger Norden verabschiedet und seinen wie auch immer gearteten Geschäften nachgeht, greift Frau Floess in ihre Tasche – und schenkt ihm ein Pfefferminzbonbon. Etwas anderes hatte sie gerade nicht dabei.

Ich habe diese Geschichte mit eigenen Augen gesehen, muss aber einräumen, dass ich, sobald mir Frau Floess ihren Namen buchstabiert und einige

Detailfragen beantwortet hatte, so schnell wie möglich aus dem Charlottenburger Auktionshaus verschwunden bin, weil erstens der Redaktionsschluss näherrückte und ich – noch wichtiger – die Rückkehr von Scholz befürchtete. Falls er es sich anders überlegen würde und sein Geld doch noch eingefordert hätte, wäre die unglaubliche Pointe meiner Reportage geplatzt. Ich wollte mir diesen Knaller nicht durch Übereifer kaputt recherchieren. Aber inzwischen glaube ich, dass diese Befürchtung ganz grundlos war, nur meiner grundlegenden Skepsis gegenüber allem und jedem geschuldet.

Scholz, Floess und Pohlmann habe ich anschließend nie wieder gesehen, werde dieses Berliner Ensemble aber mein Lebtag nicht vergessen. Solche Großstadtwunder geschehen schließlich selten, gleichzeitig sehnt man sich nach ihnen, weil sie einem den Glauben wiedergeben – woran auch immer. Damals im Auktionshaus stand die große Politik der kleinen Wiedergutmachung im Wege, aber glücklicherweise haben die kleinen Leute das unter dem Radar geregelt.

Heute, mehr als 20 Jahre später, kommt die Politik dem Streben nach Glück endlich nicht mehr in die Quere, jedenfalls nicht mehr über Gebühr. Das ist die größte Errungenschaft im neuen Deutschland, und auch der regelmäßig anschwellende Greisengesang, früher sei ja auch nicht alles schlecht gewesen – vor allem, weil man selbst weniger denken musste –, wird mit den Jahren genauso verstummen, wie er nach 1945 irgendwann in den siebziger Jahren einfach keinen Widerhall mehr fand. Das dauert eben. Auch die fatalen Versprechen auf die totale Seligkeit haben sich in Deutschland inzwischen erfreulicherweise gelegt. Im ganzen Land sind wir nun vor allem selbst für uns zuständig, keine Partei, keine Propagandisten irgendeiner staatlich verordneten Weltanschauung dürfen uns mehr weismachen, sie wüssten besser als wir selbst, was für uns gut ist.

Ich für meinen Teil baue jetzt mit Frau und Kind Lavendel an, und zwar nicht in der Provence, sondern in unserem preußischen Garten. Er liegt 20 Kilometer südwestlich von Berlin zwischen zwei Seen hinter Potsdam. Albert Einstein hatte in der Nähe sein Sommerhaus, er segelte solange auf dem Schwielowsee, bis ihn die Nazis aus der Sommerfrische trieben. Heute ist in Caputh jede zweite Kneipe und eine Schule nach ihm benannt, vor einem Café hat man eine lebensgroße Einstein-Puppe drapiert, und die örtliche Tourismusbranche wirbt mit einem dem Genie zugeschriebenen Bonmot: »Komm nach Caputh, pfeif auf die Welt.« Wenn man aber in diesem übersichtlichen Straßendorf geboren ist, hält man es vermutlich irgendwann andersherum, man pfeift auf Caputh und kommt in die Welt, aber für einen ehemals eingemauerten Berliner macht die Einsteinsche Zeile auch heute noch perfekten Sinn.

Vergangenen April habe ich in einem Ramschladen in San Francisco eine Albert-Einstein-Action-Figur gekauft. Obama gab es auch. Und während Obama eine »Yes you can«-Rede an den im vergangenen Winter fast abgestorbenen Feigenbaum hält, der sich seit dem Frühjahr tatsächlich wieder erholt hat, steht Einstein zwischen den Tomatenstauden und doziert über Licht, H_2O und Energie. Manchmal müssen die beiden auch in die Kartoffeln, denn wir braten nur Potaoes, we can believe in.

So holen wir uns die Welt nach Caputh, und während in den Lavendelbüschen die Hummeln brummen und Schmetterlinge ihre Flügel falten, könnte man beinahe vergessen, wie viele Lichtjahre entfernt dieses 35 Kilometer von Schöneberg gelegenen Fleckchen Erde vor Kurzem noch gewesen ist. Manche Distanzen lassen sich freilich nie überwinden. Während kindliches Fehlverhalten im urbanen Bayrischen Viertel vom Ökobürgertum mit einem betroffenen »Ich finde es nicht schön, wenn du deine Schwester schlägst, David. Da bin ich wirklich sehr enttäuscht von dir!« geahndet wird, setzt man im Caputher Schrebergarten eher auf altpreußische Pädagogik: »Schmeisste nochma den Ball rüba in 't Nachbagrundstück, versohl ick dir 'n Arsch, Kevin!«

Was »Caputh« bedeuten soll, wusste schon Fontane nicht genau, also lassen wir es dabei. Jedenfalls verleiht das h hinter dem t diesem zwischen zwei Seen gelegenen Flecken eine gewisse Noblesse. »So Großes fehlt hier; aber auch das kleine genügt«, schreibt Fontane in seinen Wanderungen über »das Chicago des Schwielower Sees«, das vor dem Bau des Charlottenburger Schlosses dem Kurfürsten immerhin eine Zeitlang als Residenz diente, wiewohl die Zeit seines Glanzes nicht »über ein Menschenalter hinaus« ging. See, Schloss, Park, Fähre und basilikale Kirche bieten heute ein ganz hübsches, historisches Ensemble.

Lavendel gedeiht gut, er sprießt geradezu euphorisch aus dem porösen preußischen Boden, den man Erde nicht nennen mag, weil er einem zwischen den Fingern zerrinnt wie Wüstensand. Schon im 17. Jahrhundert staunten Reisende aus ihren Kutschen über Wanderdünen vor Potsdam. Falls man am Wannsee mal eine Eiche findet, darf man getrost annehmen, dass sie erst im 19. Jahrhundert gepflanzt wurde – vorher gab es in Preußen vermutlich keine Landschaft, sondern bloß Gegend mit Kasernen und Krüppelkiefern. Und ohne Fontanes Reiseberichte wäre die Mark vermutlich auch heute noch nur punktuell aufgehübschte Tristesse. Dass der Apotheker aus Neuruppin den rauen Gefilden rings um die preußische Hauptstadt Romantik, Seele und Geschichte einzuhauchen verstand, tröstet bis heute über unvermeidliche Irritationen hinweg. Man muss im staubigen Brandenburg eben das Beste draus machen; zwischen Heidekraut und fahlen Fichten zählt vor allem der Gedanke, der Rest, so hofft man jedenfalls, käme dann schon von allein. Manchmal lässt der Rest freilich lange auf sich warten, und wenn ein Berliner Bürgermeister die Parole »Arm, aber sexy« ausgibt, dann darf man annehmen, das nur Ersteres von Dauer sein wird. Egal, war ja alles schon mal da: »Ich schwelge im Anblick dieser wonnigen Nichtigkeiten«, schreibt Meister Fontane über das Caputher Schloss. »Kaum ein Inhalt und gewiß keine Idee, und doch, bei so wenigem so viel.«

Meine Kartoffeln werden allein durch Fontanes Reisebilder freilich nicht dicker, auch wenn ich den Setzlingen im Frühjahr manchmal aus den Wanderungen vorlese. Für einen Kleingärtner wie mich, der seine Kindheit zwischen den fetten Wiesen und kaminroten, lehmigen Äckern des westlichen Eichsfelds verbrachte, liegt im mangelhaften Charakter des preußischen Bodens die größte Herausforderung. Wie überall in den neuen Ländern sind hier beträchtliche Transferleistungen gefragt. Denn die Botanik bei Berlin gilt als reines Entwicklungsland, und was der Soli-Zuschlag in der Ex-DDR und die Bundeswehr im Kosovo leisten, das vollbringt im brandenburgischen Beet der Komposthaufen.

Zudem gräbt man im Herbst am besten Mist unter, auf keinen Fall im Frühling, dann brennen die Saatkartoffeln wie Zunder. Manche nehmen pures Stroh, das hält das Wasser ein wenig. Der großzügige Einsatz von Dünger versteht sich von selbst; ich verwende natürlich Biomasse, aber in manchen benachbarten Sparten wird im März und April noch in rauen Mengen Kali und Blaudünger gestreut – nach dem Motto: Ernten wir nicht in dieser Welt, dann ernten wir in Bitterfeld.

Die beträchtlichen geographischen (keine Berge oder Täler) und ökologischen (Sand, Fichten, renitente Ureinwohner) Mängel der Brandenburger Gefilde wären 1989/90 für uns West-Berliner natürlich kein Grund gewesen, den beträchtlichen Landgewinn abzulehnen, mit dem wir seinerzeit ja nicht mehr gerechnet hatten. Einem geschenkten Gaul guckt man ja nicht ins Maul. Ich weiß noch, wie ich im Frühling 1989 im Nordwesten Berlins in den Wiesen von Lübars gestanden habe, einem leicht abschüssigen Terrain, das damals schnurstracks auf die Mauer zulief. Man konnte die Grenze aber hinter den Weidenbäumen kaum sehen, und weil das Land sich so sanft erstreckte wie sonst nirgends in der eingezäunten Stadt, fühlte ich mich für einen Moment wie am Strand. Hinter Lübars aber lag nicht die Ostsee, sondern Schildow, so wie hinter Zehlendorf Kleinmachnow liegt und neben Neukölln Treptow. Aber so genau wollten wir das damals gar nicht wissen, ich sprach ja schon davon.

Nun wachsen japanische Kleinkürbisse, Auberginensträucher und Peperonibüsche vor unserer Datsche. Mit Kompost geht eben alles, und im letzten Sommer haben wir soviel Obst und Gemüse geerntet, dass wir es großzügig verschenkten. In Kleinstädten ist es völlig normal, den Garten-Überschuss unter Freunden zu verteilen, doch in Städten wie Berlin ruft es in meiner Generation noch immer ein ungläubiges Staunen hervor, wenn man mit selbstgepflückten Kirschen oder eingemachter Brombeermarmelade auftaucht. Doch die Ausflüge über die Glienicker Brücke, hinter der bis heute so mancher West-Berliner noch immer Wegelagerer, Skinheads und Raubritter vermutet, hat natürlich seinen Preis. Geld ist damit nicht gemeint, man zahlt allerdings einen gewissen kulturellen Tribut.

Denn im Grunde verbringen wir unsere Wochenenden in einer Parallelgesellschaft. Ich habe irgendwann zu Beginn der neunziger Jahre beschlossen, die Berliner Landespolitik komplett zu ignorieren. Und es funktioniert! Anstatt mich über die Marotten der Regierenden aufzuregen, wende ich mich lieber wichtigen Fragen in meiner *Green Zone* zu. Zum Beispiel: Zucchini.

Man sollte Zucchini ab April zuhause vorziehen, nicht direkt vor der Heizung, sonst schießen sie zu sehr in die Höhe und die Stengel brechen ab. Ab Anfang Mai können sie bedenkenlos ausgepflanzt werden. Bei Zucchini besteht der Trick übrigens darin, sie schon bei einer Länge von zehn bis fünfzehn Zentimetern zu ernten, dann wachsen sie geradezu massenhaft aus dem Strauch heraus; wenn Sie die Pflanze aber sich selbst überlassen, geht die ganze Energie in eine Frucht: die wächst und wächst, und irgendwann ist das riesige Zucchini-Monster dann so ungenießbar wie zu spät geernteter Rhabarber. So ähnlich verhält es sich übrigens auch mit den industriellen Großprojekten in den neuen Ländern. Aber ich wollte die große Politik aus meinem Kleingarten lieber heraushalten. Obwohl das gar nicht so einfach ist, wie Sie bald sehen werden.

Vor unserer Sommerdatsche steht ein stolzer Kirschbaum, links neben der Terrasse sprießt eine Brombeerhecke, die der sibirische Frost des Kontinentalwinters zuletzt fast vollständig vernichtet hätte. Rechts vor der Hecke wächst ein launischer Pflaumenbaum – und natürlich haben wir Erdbeeren, Walderdbeeren genauer gesagt, die sind zwar klein, aber sie schmecken tatsächlich wie Erdbeeren. In den Beeten blühen unter anderem Rittersporn, Sonnenblumen, Stockrosen und Fingerhut, Levkojen und Kornblumen. Einen Nussbaum hätten wir auch gern gehabt. Aber das geht nicht. Besonders Walnüsse sind in der Sparte verboten. Angeblich zieht ein Walnussbaum zuviel Wasser, das behauptet jedenfalls der Kleingartenvorstand, außerdem könne man die Blätter nicht kompostieren. Unser Nachbar musste seinen über 20 Jahre alten Walnussbaum sogar fällen. Er stutzte erst die Krone und amputierte Ast für Ast, bis er sich mit einer Motorsäge am Stamm zu schaffen machte. Nach umfangreichen Aushebungsarbeiten verschwand schließlich auch das Wurzelwerk; heute ist der Baum vollständig verschwunden. Nur der helle Sand, den der Nachbar am

Ende der Operation in die Grube schüttete, erinnert noch an den Abweichler unserer Gartenlandschaft. Ich gebe zu: Ich habe nicht protestiert, sondern geschwiegen, ich bin nicht mal zur Jahresversammlung gegangen. Ich zahle den Jahresbeitrag, die Stromrechnung und die Wassergebühr, ich leiste im Januar meine Arbeitsstunden ab, indem ich die am Sportplatz liegende Wallhecke mit einer Motorsäge stutze, ich sage freundlich Guten Tag und Auf Wiedersehen, ich tausche Kartoffeln gegen Bartnelken. Ich verstoße nicht gegen die Mittagsruhe, auch wenn auf dem Sportplatz nebenan der Teufel los ist (Gib ab, Maaaannnn!! Vollidiot!! Arggghh!!!) und im Dorf zwischen eins und drei die Rasenmäher brummen. Ich lebe im Grunde so still und in mich gekehrt wie früher meine Verwandten im Osten – nur das ich am Sonntagabend mit meiner Familie aus diesen blühenden Landschaften wieder ausreisen kann.

Ein guter Walnussbaum liefert bis zu 150 Kilo Nüsse im Jahr, doch in Preußen gelten sie nicht als Früchte; ergo gehören sie nicht in eine Kleingartensparte. Für die Botanik-Bürokraten ist der Walnussbaum sozusagen eine verkleidete Fichte, und deren Anwesenheit ist zwischen Johannisbeersträuchern und Kartoffeln ebenfalls nicht gestattet. Mich hat die Auseinanderssetzung um den botanisch-korrekten Charakter des Walnussbaums natürlich an die DDR erinnert: Der Walnussbaum als Dissident bei Potsdam, als individueller Abweichler, als Schädling, der sein Dasein auf Kosten der Arbeiter-und-Bauern-Pflanzen fristet. Wahrscheinlich wurde er 20 Jahre lang von unserem Kirschbaum ausgespäht und konspirativ von den Brombeeren beobachtet, bevor er mit Stumpf und Stil ausgemerzt worden ist. Es nützte übrigens gar nichts, dass *Juglans regia*, so die lateinische Fachbezeichnung der echten Walnuss, im Jahre 2008 – als unser Nachbar auf Befehl des Vorstands zur Axt greifen musste – von einem fachkundigen Berliner Kuratorium zum Baum des Jahres gewählt wurde. So war das ja früher auch: Die Dissidenten flogen aus der DDR und bekamen im Westen einen Orden.

Während mir Berlin früher wie ein steinernes Meer vorkam, staune ich jetzt über seine Parks und grünen Magistralen, deren Arme bis an den Stadtrand reichen. Im Jahr der großen Wende unterhielt ich mich einmal mit dem Schäfer des Flughafens Tempelhof, der noch zu berichten wusste, wie man in den 20er Jahren seine Herde problemlos von Brandenburg über die Berliner Brachen fast bis nach Mitte treiben konnte, ohne Autos oder Straßenbahnen in die Quere zu kommen. Und jetzt radeln wir nach Caputh, die ganzen 40 Kilometer von Schöneberg, fast immer durchs Grüne, doch, doch, das geht:

Am Bayrischen Platz biegen Sie einfach links ab, dann geht es ein paar Kilometer auf Radwegen durch den Volkspark; über die Wilmersdorfer Fußgängerbrücke weiter an den Schrebergärten vorbei bis nach

Zehlendorf. Dieser Villenbezirk ist ja streng genommen ein Waldgebiet, und wenn Sie das nicht glauben, dann fragen Sie mal die Hausbesitzer nach ihrer letzten Begegnung mit einer Wildschweinrotte.

Etwa 10 000 Wildschweine liegen vor Berlin in Stellung und sie rücken, wenn man der Berliner Presse glauben mag, beinahe täglich näher. Sie schleichen über S-Bahntrassen, immer der feinen Nase nach und wühlen sich durch inzwischen bis zum Ku'damm. Wahrscheinlich wird es nicht mehr lange dauern, bis eine Rotte durchs Brandenburger Tor und über den Pariser Platz spaziert. Nazis hat man solche gespenstischen Auftritte ja höchstrichterlich verboten, aber Wildschweinen? Andererseits würden die Sonderlinge inmitten all der Pantomimen, Straßenmusikanten, Touristen und Demonstranten am Pariser Platz gar nicht weiter auffallen.

Aber wehe, sie wittern Knollen, Kartoffeln oder Katzenfutter, dann hält sie nichts mehr auf; sie zerfurchen mit ihren Klauen und Schnauzen jeden noch so liebevoll gepflegten Garten, bis von Rosen, Dahlien, Brombeerhecken und Erdbeeren aber auch gar nichts mehr übrig ist außer dunklem, zerwühltem Acker. Natürlich kommen die Schweine alle aus dem Osten. Das Brandenburger Wildschwein ist das Menetekel der deutschen Einheit. Rund 2000 Tiere werden jährlich von speziell befugten Stadtjägern erlegt; fast 500 innerhalb der Berliner Grenzen. Als die Mauer noch stand, da wären die Keiler spätestens im

Todesstreifen von den Grenztruppen abgefangen worden; peng peng, kurzer Prozess, Republikflucht war ja quasi auch für Tiere strafbar. Und heute? So ein im kargen Brandenburg vielleicht 30 Kilo schwerer Eber wird in Berlin, wo er sich vor Hausmüll kaum retten kann, schnell doppelt so fett. Das Wildschwein hat auch jeglichen Respekt und jede Scheu vor dem Berliner verloren. Sein Auftauchen in den Vorgärten und Straßenschluchten ist für uns Städter, zumal für die Westberliner, ein Symptom für die völlige Verostung der Stadt. Dagegen hilft nicht mal Knoblauch.

Und die Wildschweine sind wohlmöglich erst der Anfang. Inzwischen haben sich in der Lausitz sogar Wölfe angesiedelt, in den Brandenburger Sümpfen soll es Schildkröten geben, und wer garantiert uns denn, dass die Versteppung der blühenden Landschaften nicht auch noch Lebensräume für Problembären, Wildkatzen und Kleinkrokodile bieten könnte? Nicht nur für Stadtkinder, deren Begegnungen mit der Natur sich im Alltag auf feiste Stadttauben, die eine oder andere Hinterhofratte und einen jährlichen Ausflug im Zoo erstrecken, sind das alles sehr beunruhigende Nachrichten. Ein verhaltensgestörter Eisbär im Zoo reicht uns eigentlich völlig aus, und wenn man um das arme Geschöpf sogar noch ein plüschiges Profit-Center bauen kann – davon gibt es ja nicht viele in Berlin –, dann kann man eigentlich nicht meckern.

Aber wir wollten ja nach Caputh. Einsteins Sommerhaus steht hier, heute ist es ein Museum, nicht weit von unserer Datsche, aber ich war noch nie da. Vielleicht gehe ich nächstes Jahr mal hin, wenn die Verwandten aus Übersee endlich zu Besuch kommen. Aber vermutlich kümmere ich mich dann lieber um den Grill. Ich war auch noch nie auf dem Fernsehturm oder im Kennedy-Museum. Es gibt ja diesen Witz über den englischen Gentleman, der sein Leben nach einem Schiffsunglück 20 Jahre wie Robinson Crusoe auf einer einsamen Insel verbringen muss. (Das ist übrigens der einzige Witz, den ich mir merken kann). Schließlich wird der Gentleman gerettet, der Kapitän eines Dampfers entdeckt drei Hütten am Strand. Aber es gibt bloß einen Bewohner auf der Insel. Und wieso dann drei Hütten, fragt der Kapitän den Einsiedler. »Links ist der Club, in den ich morgens gehe!« antwortet der, »und rechts der, den ich abends besuche.«

Und in der Mitte?

»Das ist der Club, in den ich nicht gehe.«

So war Berlin früher auch mal. Es gab viele Clubs, in die man ging, und ein paar, die man anderen Leuten überließ. Diese Etablissements waren übrigens weder schlechter noch besser, aber sie waren eben nicht meins. Oder noch nicht. Was weiß ich denn, in welchen Club ich in zehn Jahren gehen werde. Die alten machen ja auch alle zu. Das Strada in der Potsdamer Straße – schon seit hundert Jahren geschlossen. Das Café Adler am Checkpoint – dicht. Zu viele Touristen, die bloß Kaffee bestellt haben und Stullen im Gepäck hatten.

Also früher: Die Leute, die man so kannte, wohnten auf die ganze Stadt verteilt mit statistischer Häufung in Kreuz- oder Schöneberg, Neukölln, Charlottenburg und Zehlendorf. Und heute? Heute wohnen alle am »Prenzlberg«, wie die neudeutschen Invasoren ihren Kiez in nur schwer erträglicher Verniedlichung nennen. Es sind lauter Menschen, die »was mit Medien« machen und erst Öko-Brause, später Kinder im Fahrradanhänger durch die Gegend schaukeln. Sie sind die Vorboten der Hamburgisierung Berlins. Wenn man als Hamburger seine Adresse angibt, dann kann der Gesprächspartner wie bei Monopoly Miete und Gehalt ausrechnen. Ich habe ein paar Jahre in Eppendorf gelebt, im oberen Ende des Lehmwegs gegenüber dem alten Onkel Pö, das entspricht etwa der Lessingstraße. Ich war der einzige Mieter im Haus, alle anderen waren Wohnungsbesitzer, und nachdem diese Tatsache den übrigen Bewohnern schon am Tag meines Umzuges bekannt wurde, galt ich als Unberührbarer. Auf den ersten Blick wirkt Eppendorf sehr aufgeräumt und elegant, die Männer fahren alle BMW, die Frauen fahren Kinderwagen und sind alle blond. Sie ernähren sich vor allem von Salatblättern, die sie freitags auf einem großen Wochenmarkt unter einer U-Bahntrasse kaufen. Eppendorf fehlt mir nicht die Kaffeebohne.

In Berlin wird noch nicht überall Monopoly gespielt, obwohl es natürlich längst eine entsprechende Stadtausgabe gibt. Natürlich sind in Berlin nicht alle gleich. Ein Dahlemer verdient durchschnittlich viel mehr als ein Weddinger, der eine hat vermutlich Jura oder Philosophie studiert, der andere studiert vermutlich bloß die Werbebeilagen der »B.Z.«. Aber das macht nichts. Wenn sich beide früher in der Fremde begegneten, hatten sie immer ein gemeinsames Thema; die Geschichte und Gegenwart der Stadt, von der Mauer und vom deutschen Kommunismus waren schließlich beide umzingelt; beide mussten mit 100 Stundenkilometer über den Transit schleichen, beide standen in Helmstedt-Marienborn, in Hirschberg-Rudolphstein oder Wartha-Herleshausen stundenlang im Stau, weil es zwischen Bonn und Berlin wieder zu Unpässlichkeiten gekommen war.

Wie es um das zerrissene Deutschland stand, merkte man immer als erstes bei der Abfertigung: Wurde man nach lässlicher Passbegutachtung schnell durchgewunken, schnurrte der deutsch-deutsche Motor störungsfrei; routiniert wurden Häftlingsfreikauf und Rentnerübersiedlung geregelt; später kamen sogar Städtepartnerschaften und Dialogpapiere dazu. Aber wehe, es war wieder zu einem »Grenzzwischenfall« oder einer »Provokation« gekommen, dann schwitzte der West-Berliner stundenlang bei Dreilinden im Stau und die Autos kamen schon am Nikolassee zum Stehen, weil die Greise von Wandlitz ein paar Knöpfchen drückten, nach dem Motto: Wenn Honeckers schmaler Arm es will, dann steht die ganze Avus still.

Solche Geschichten können die Älteren noch erzählen, aber sie verschwinden langsam aus dem Stadtgedächtnis wie Herbstblätter, die im Stadtpark verwehen. Berlin leidet an mildem Alzheimer, seine besonderen Eigenschaften landen auf dem Müllhaufen der Geschichte. Die Mauer wurde aus der Stadtlandschaft getilgt, aber manchmal scheint es, als hätten wir zwischen uns und die jüngere Geschichte eine Sichtblende geschoben. Der Berliner soll ja jetzt auch nach vorne gucken. Vor allem die Busfahrer, wegen des Verkehrs. Sie werden zudem angehalten, Fahrgäste freundlich und zuvorkommend zu bedienen. Wenn ich dem Kutscher des 129er Busses am Hermannplatz früher meinen Fahrschein hinhielt, bemerkte der schon mal: »Watt 'n? Soll ick da reinbeißen?« Heute nickt der Fahrer bloß beiläufig, zwingt sich ein Lächeln ab und schluckt seinen Spruch herunter.

Vorbei auch die Zeiten, in denen die Doppeldecker mit fröhlichem Gehupe Jagd auf Radfahrer in der Busspur machen durften. Heute bekommen Busfahrer in Kreuzberg, Wedding und Neukölln eher was aufs Maul, einfach so. Manche werden dabei sogar gefilmt und auch noch weltberühmt, weil man sich diese Erstlingswerke von Berliner Nachwuchskünstlern später bei »Youtube« ansehen darf. Der Polizeipräsident der deutschen Hauptstadt hatte übrigens einen guten Vorschlag, wie man solche »Zwischenfälle« verhindern könne: Einfach nachts hinten die Bustüren aufmachen, dann entsteht vorn beim Fahrer nicht so ein Problemdruck. Der Fahrgast ist in diesem Gedankenspiel also der Problemträger, der Busfahrer sein Ventil. Starkes Bild. Ich räume ein: Das sind Momente, wo ich als ehemaliger »taz«-Redakteur und grüner Stammwähler den alten Heinrich Lummer als Innensenator wiederhaben möchte. Auf die Idee mit der hinteren Bustür wäre der wirklich nicht gekommen, und anstatt auf Höflichkeitsseminare hätte er den Busfahrern vermutlich Karatekurse spendiert. Und warum auch nicht?

Ich muss das jedenfalls unbedingt meinem Freund Henryk erzählen, wenn er uns beim nächsten Mal in Caputh besuchen kommt, der kann die Geschichte für sein nächstes Buch sicher gut gebrauchen. Trotz solcher origineller Episoden wird Berlin eine ganz normale Stadt in Deutschland, über die der Regierende Bürgermeister seine launigen Sprüche klebt. Max Liebermann hat mal gesagt: »Wo das Talent nicht reicht, fängt der Stil an.« Für Berlins Regierung gilt das mehr denn je.

Mit der Hamburgisierung meine ich gar nicht die vermeintliche Yuppisierung der Stadt, die Kreuzberg letztlich sicher mehr geholfen hat als die Verwandlung ganzer Viertel in Drogenumschlagplätze und Gangland. Der bedauerlichen Verwandlung Berlins von einer Stadt mit nahezu unbegrenzten Möglichkeiten in eine politische Ruine und billige Adresse für Touristen aus aller Welt liegt eher die bereits erwähnte grassierende Vergesslichkeit zugrunde. Kaum jemand weiß noch, wie sich das Leben in der geteilten Stadt eigentlich angefühlt hat – und es gehört offenbar zum Regierungsprogramm des amtierenden Senats, jeden Gedanken an die alten Zeiten zu vermeiden, weil das mit unangenehmen Erinnerungen verbunden wäre, die dem geschichtslosen Pragmatismus der amtierenden Koalition nur im Wege stehen würde: Wie zum Beispiel die Kreuzberger Jusos einmal Ende der achtziger Jahre eine Stadtrundfahrt für Genossen aus Westdeutschland organisierten, ohne ein einziges mal in Sichtweite der Mauer zu geraten. Man wollte das »differenzierte« Thema der Mauer nicht ohne Not auf die Tagesordnung setzen, nicht »provozieren« oder die politisch unerfahrenen Teilnehmer möglicherweise zu antikommunistischen Aussagen verleiten. Die SED-Genossen in Mitte waren dankbar für so viel vorauseilende Solidarität. Das Kreuzberg der Jusos ohne Mauer: Das war, angesichts der Tatsache, dass Kreuzberg SO 36 damals als Westberliner Randbezirk galt und zumindest nach Nordost komplett vom »Antifaschistischen Schutzwall« abgeriegelt war, eine konzeptionelle und planerische Meisterleistung. Heute, 20 Jahre später, ist die Mauer weg und die Stadt wird mehr oder weniger von diesen Leuten regiert.

Manchmal merkt man das auch. Im Herbst hat mir dieses »arm, aber sexy«-Regime aus dem rot-roten Rathaus zu Hause zum Beispiel tatsächlich Ton und Bild abgestellt. Die Einflugschneise zum Flughafen Tempelhof war plötzlich so leer wie 1973 die Autobahnen in der Ölkrise. Leider kann man im Himmel über Berlin aber kein Fahrrad fahren. Das verzweifelte Aufbäumen des West-Berliner Restbürgertums hat nichts mehr genützt: Wir sind jetzt eine Minderheit. Bis Ende Oktober noch drehten die letzten Flieger von Tempelhof ihre Start- und Landekurven vor meinem Südbalkon; vor allem in der späten Abenddämmerung des Sommers zeichneten die Kondensstreifen der Tempelhof-Flieger ein erhabenes Bild in den Himmel. Das sonore Summen der Motoren lag als eine der letzten Gewissheiten über der Stadt, und dann und wann erinnerte der Luftbrücken-Veteran Egon Bahr im Fernsehen daran, wie sehr ihn dieses Geräusch seinerzeit beruhigte.

Als der letzte Flieger dann vom Stadtflughafen in den novembergrauen, pitschnassen Himmel verschwand, wurden die allerletzten Leinen in die jüngste Vergangenheit gekappt. Nun muss ich einräumen, dass ich den Flughafen Tempelhof nicht besonders oft benutzt hatte; kaum jemand, der seine Schließung verhindern wollte, hat das getan. Genau genommen nur ein paar Mal Anfang der neunziger Jahre, als ich aus dienstlichen Gründen in Erfurt unterwegs war. Mit dem Auto oder Zug dauerte das damals mitunter einen halben Tag, mit der zweimotorigen Propellermaschine bloß etwa 45 Minuten. Und weil meine Ausflüge in den Osten in einer Zeit stattfanden, zu der Journalisten bei Großverlagen das Geld noch richtig auf den Kopf hauen durften, flog ich also von Tempelhof und staunte über dieses riesige, in die Länge gezogene steinerne Hufeisen inmitten der Stadt. Dann drehte der Pilot eine Pirouette über Potsdam und stach Richtung Südwesten, die Stewardess reichte ein Sandwich und Tee, und nach dem Flug übers trostlose Bördeland wurde man schon kurze Zeit nach der Wiedervereinigung im Thüringischen vom mitteldeutschen Bodenpersonal mit wütenden Blicken empfangen. In ihren Augen lag eine klare Ansage: »So haben wir uns das aber nicht vorgestellt!«

Die West-Berliner sicher auch nicht. Erst kappte man ihnen die Berlin-Zulage, dann stiegen die Mieten – und schließlich kamen auch noch jene Gesellen im Roten Rathaus an die Macht, die vorher »auf uns geschossen« hatten. Es ging in der Debatte um die Schließung des Flughafens Tempelhof ja auch nicht in erster Linie ums Fliegen, sondern bloß darum, ob sich die postsozialistische Nomenklatura am West-Berliner Bildungsbürger für den Abriss des Palastes des Republik rächen würde; nach dem Motto: Wenn du mir mein Geschichtssymbol zertrümmerst, dann schließe ich eben deines. Nun ist beides perdu, und in Berlin gähnen zwei Brachen mehr in der

Landschaft. Was auf ihnen errichtet werden soll, ist wie immer umstritten und nicht entschieden. Aber es passt: Das Symbol dieser Stadt ist nach dem Fall der Mauer ja weder das Brandenburger Tor noch der Fernsehturm; es ist die Baustelle, der verkarstete Boden, die von Kränen umkränzte Grube, in die man seine Erinnerungen werfen soll – dann schaufelt man preußischen Sand drüber, und fertig ist das neue Deutschland.

Vielleicht geht es nicht anders. Was und wen diese Stadt allein in den vergangenen 100 Jahren auszuhalten hatte, ist eigentlich nicht auszuhalten. Ein irrer Regent, der von Berlin aus an einer Weltflotte baut, der sich als Enkel der britischen Königin Victoria für einen halben Briten hält und daraus das volle Recht ableitet, sein wenige Jahrzehnte altes Reich um den ganzen Erdball zu spannen; eine Republik, deren Regierung nach Weimar abwandert, weil es ihr in der Hauptstadt zu gefährlich wird; braune Mordbuben, die jeden Funken Kreativität aus der Stadt vertreiben, von Berlin aus die Welt in Brand stecken und ein ganzes europäisches Volk, eine ganze Kultur vernichten; die Bomben, die Russen, die Mauer: alle paar Jahre wurde in Berlin eine Republik oder ein neues Zeitalter ausgerufen; keine Ansage hielt besonders lange. Auch die Republik, in der wir leben, sollte sich nicht für stabiler halten, als sie ist. Des Deutschen Lieblingsblick richtet sich nach hinten, weil hinter uns die Gewissheiten liegen, dabei ist unsere Geschichte oft so ungewiss wie die Zukunft. Dass Karl Heinz Kurass, der mit seinen Schüssen am 2. Juni eine ganze Generation getroffen hat, ein stalinistisch-faschistischer Januskopf war, das hätten damals die größten Verschwörungstheoretiker nicht geahnt. Mit solchen Enthüllungen ist auch in Zukunft zu rechnen, und jedes Mal, wenn wieder weite Teile der deutschen Geschichte in die Revisionsabteilung geschickt werden, blättert ein bisschen Lack von unserer formidablen Republik, die wir zum 60. Geburtstag ganz in europäisch-blaue Watte gepackt haben.

Stetiges Vergessen bei gleichzeitiger »Bewältigung« war in Deutschland noch immer die beste Medizin gegen jene Schmerzen, die das chronische historische Schleudertrauma hervorruft. Berlin, so hieß es immer, sei eine Stadt der lebenden Steine, eine Stadt, in der sich Geschichte an jeder Ecke, jeder Hauswand, jeder Straße manifestiere. Es war in diesem Buch auch schon die Rede vom großen Misthaufen Berlin, auf dem die schönsten Rosen wüchsen. Das war früher. Heute ist Berlin der historische Komposthaufen der Republik, alles modert vor sich hin, und wer sich dereinst aus dieser großen Biotonne bedienen wird und zu welchem Zweck, ist noch ganz offen. Im Grunde greift heute schon jeder nach Belieben zu, um sein dürres Beet zu düngen: Die Linken wühlen im Mulch des Realsozialismus nach mehr Sozialstaat, die Konservativen setzen sich auch 20

Jahre nach dem Zusammenbruch des Sowjetblocks und dem winselnden Niedergang der DDR noch immer gern die Dornenkrone aus rostigem Stacheldraht, Original VEB Todesstreifen, aufs Haupt; dieses stechende Material will so schnell einfach nicht verrotten.

Als historische Kulisse taugt Berlin noch allemal, und wenn ein amerikanischer Präsidentschaftsbewerber vom Tiergarten zu den Völkern der Welt spricht, dann sieht es für ein paar Welt-Augenblicke so aus, als besäße Berlin wieder Klasse. Barack Obama hatte sich im Sommer 2008 als europäische Fotofassade wohl die unbürgerlichste Hauptstadt des alten Kontinents ausgesucht. Von den Doppeldeckerbussen prangt Reklame für Großbordelle; vor Gericht wird jungen Klavierspielerinnen gegen Strafandrohung untersagt, am Sonntagmorgen Präludien von Bach zu spielen, weil Bach, dem Gott eine Menge zu verdanken hat, im neuen Berlin heutzutage nicht mal mehr als Geräuschkulisse dienen darf. Das christlich-orientierte Bürgertum hält der stets um Minderheiten bemühte Berliner Bürgermeister, der um eine Foto-Opportunity mit dem Kirchgänger Barack Obama seinerzeit geradezu gebettelt hat, für eine »Randgruppe«. Es ist nicht lange her, da waren die Herrschenden in Ost-Berlin derselben Ansicht. Damals wurde der Klassenfeind drangsaliert und eingesperrt, heute wird er ignoriert.

Die Restbestände dieser Bevölkerungsgruppe kann man am ehesten noch in Schöneberg, Wilmersdorf und Charlottenburg besichtigen – die Neobürger mit der unbürgerlichen Tarnung aus Mitte und Prenzlauer Berg zählen wir nicht mit. Also bloß raus aus dieser schwindsüchtigen Stadt, weiter nach Caputh. Wenn wir die Stadtparks hinter dem Bayerischen Viertel passiert haben und den unzähligen Bull- und Jack-Russel-Terriern, den Golden Retrievers und Beagles ausgewichen sind, die Herrchen oder Frauchen hechelnd durch die Büsche schleifen, haben wir ziemlich sicher Zehlendorf erreicht und radeln südwärts über die Stadtautobahn. Da halten wir uns rechts Richtung Villenkolonie, schlagen ein paar Haken und landen schließlich bei Kilometer Zehn am S-Bahnhof Grunewald. Der vor der Station gelegene Biergarten bietet ein seltenes Panoptikum West-Berliner Provenienz. Wenn man viel Glück hat, sitzen ausrangierte und vorbestrafte CDU-Politiker mit Gleichgesinnten auf bayerischen Bierzeltmöbeln und erzählen vom Kalten Krieg und schwarzen Kassen.

Hinweis für Touristen: Bitte nicht füttern! Bestellen Sie sich in der Baude einfach Bier oder Brause, schlagen Sie den Lokalteil der Berliner Morgenpost auf und verhalten Sie sich möglichst unauffällig. Wenn nebenan wieder ein mit Amphetaminen vollgepumpter Rambo-Biker lautstark mit einer Kleinfamilie kollidiert ist, sollten Sie diskret verschwinden. Hier ist nichts mehr zu machen.

Am Wannsee suchen – und finden – wir dann endlich das Weite. Über dem Wasser, das ja streng genommen kein See, sondern bloß die sich dick machende Havel ist, hängt träge der oft besungene Himmel über Berlin, aber den schönsten Blick auf Segelboote, Licht und Wellen hat man von der Colomierstraße 3, zehn Fahrradminuten von der S-Bahn-Station entfernt.

Die Birken am Ufer vor Max Liebermanns »Schloss am See«, wie er sein Landhaus nannte, stehen lässig auf der Wiese wie Gäste einer Abendgesellschaft; ein paar hier und ein paar da, sie wachsen aus dem Gras und aus dem Sandweg und ziehen mit ihm eine Linie zum Wasser. Vor 100 Jahren hat Liebermann, in seinen Sechzigern inzwischen weltberühmt, das Anwesen gekauft und die 7000 Quadratmeter Garten dazu. Mehr als 200 Bilder sind hier entstanden; die meisten zeigen sein privates, botanisches Idyll. Während sich im Westen bei Verdun Hunderttausende Soldaten in die Erde graben und mit Bomben und Granaten, mit Giftgas und manchmal auch mit bloßen Händen gegenseitig massakrieren, hält sich Liebermann an seine leuchtenden Geranien und Kohlköpfe, an Rittersporn und Rosen. Die Republik wird ausgerufen, Liebermann bleibt bei der Freiluftmalerei. Für viele linke Kunstkritiker war der Berliner Jude deshalb schnell erledigt, denn in seinen prächtigen Ölgemälden findet man keine Zille-Kinder, sondern bloß Blüten, Bäume, Botanik.

Wie so häufig haben meine linken Lehrer damals nur die Hälfte erzählt – oder vielleicht auch nur die Hälfte gewusst. Denn 1923, als rechtsextreme Freikorps Liebermanns Vetter, den deutschen Außenminister Walter Rathenau, ermordeten, lieferte Liebermann ein Dutzend Lithografien zu einer Neuausgabe von Heines »Rabbi von Bacherach«. Es sind düstere, getriebene Skizzen, sie erzählen von Mord, Flucht und Vertreibung und beschreiben somit das genaue Gegenteil dieser Idylle vom Wannsee. Wenn man nun heute aber mitten in Liebermanns Garten sitzt und die in jüngster Zeit nach historischem Vorbild neu angelegten Beete und Rabatten betrachtet, dann versteht man, dass es dem Maler in der Colomierstraße 3 in den zwanziger Jahren nicht nur um nachwachsende Motive gehen konnte. Das lässt die deutsche Geschichte, die hier am Wannsee sehr präsent ist, gar nicht zu.

Auch mit seinen Bildern voller violetter Kohlköpfe, pastellfarbener Rosen, sattem Baumgrün und dem Feuerwerk der Stauden hat Liebermann nicht zuletzt auch gegen das von der Stadt heraufziehende Unheil, gegen den Mob und den Wahn gemalt. Gegen den braunen Tod am Brandenburger Tor – wo er noch sein Stadtpalais besaß – setzt der 84-jährige Liebermann im Jahre 1932 seine Frau Martha in einem späten Porträt ebenso stolz wie gelassen in dunklem Kleid in einen Lehnstuhl. »Einen alten Baum verpflanzt man nicht mehr!«, erwiderte er, als ihn

Freunde nach der Machtübernahme der Nazis zur Ausreise drängten. Legendär ist sein Kommentar zur Machtergreifung: »Man kann gar nicht so viel fressen, wie man kotzen möchte.«

Als er 1935 starb, war er so berühmt wie verfemt. Gerade mal 100 Trauergäste fanden sich ein, um den Sarg zu begleiten – der Rest der feinen Berliner Gesellschaft, die in den zwanziger Jahren um die Gunst des Akademiepräsidenten Liebermann noch gebuhlt hatte, blieb vorsichtshalber zu Hause, nachdem die Gestapo eine Teilnahme an der Trauerfeier verboten hatte. Die paar Promis, die trotzdem den Mut zur öffentlichen Kondolenz besaßen, lassen sich an einer Hand abzählen: die Künstlerin Käthe Kollwitz, der Chirurg Ferdinand Sauerbruch – Liebermanns Nachbar – und ein paar andere.

Martha Liebermann blieb in Berlin. Die Witwe bewachte das Grab ihres Mannes und wurde von den Nazis in den Tod getrieben. Wer heute in Liebermanns letzter Zuflucht die schöne Aussicht auf den Wannsee bewundert und dort zur Ruhe kommt; wer sich dort, wie ich zum Beispiel, ein paar Ideen für den eigenen Garten holt, der sollte um die doppelte Bedeutung dieses Ortes wissen; denn die Geschichte von Max Liebermanns Schloss am See lässt uns erst staunen vor Glück, dann frösteln vor Entsetzen, und wer es inmitten dieser freundlichen Idylle aus Radfahrern, Sonntagsgästen, Hobbygärtnern und Kunstfreunden immer noch nicht begriffen hat, der mag bloß ein paar Schritte weiter schlendern: Am Großen Wannsee Nr. 56 steht das Haus der Wannseekonferenz, in der am 20. Januar 1942 auch der Tod von Martha Liebermann beschlossen wurde, die sich ein gutes Jahr später das Leben nahm, um ihrer Deportation ins Todeslager zu entgehen.

Orte wie diese gibt es viele in Berlin, und es fällt immer schwerer, sie zu unterscheiden und die Geschichten hinter der Geschichte im Gedächtnis zu behalten. Je älter Berlin wird, desto mehr muss die Stadt entziffert werden; aber das allermeiste geht doch für immer verloren, für immer und ewig, als wäre es nie gewesen: vor allem, wie es sich anfühlte. Ich fände es jedenfalls grauenhaft, wenn Liebermanns Garten irgendwann nur noch als gemütlicher Ausflugsort für das Manufactum-Publikum gehandelt würde, die sich neue Ideen für den Kleingarten oder die Terrassenbepflanzung abholen möchten. Etwas weniger Gartenschau wäre ehrlicher. Man kann hier nicht nur die Dahlien bewundern, ohne den Abgrund zu bemerken, über dem sie gepflanzt wurden: Diese Luftwurzeln liegen freilich in der ganzen Stadt.

Dass die Glienicker Brücke einst die Wasserscheide von Ost und West gewesen ist, an dem sich Agenten und Kundschafter Gute Nacht sagten, dass weiß man wohl. Aber was bedeuten diese geheimnisvollen Inschriften im Gemäuer der Sacrower Heilandskirche, die drüben am Brandenburger Ufer liegt? Welche Kugeln haben in Mitte bis heute ihre Spuren an den alten Fassaden hinterlassen? Weiß noch jemand, wie man aus dem Ostfenster des inzwischen geschlossenen Café Adler am Checkpoint Charly auf die Mauer starrte wie auf eine große weiße Wand? Selbst das Kleist-Grab am Hang des Kleinen Wannsee kann man vor lauter Unterholz kaum noch finden, aber wer nach Caputh will, kommt am alten Meister nicht vorbei.

Denn dass ein Garten bei aller Vergänglichkeit der vielleicht sicherste Ort ist, um die Dinge zu bewahren, wusste Heinrich von Kleist genau. Am sogenannten Stolper Loch, zwischen Efeu und Eiben, nahm er an einem Novembertag erst das Leben seiner sterbenskranken Freundin Henriette Vogel, danach sein eigenes. Nun liegen beide unter einer alten Eiche. Ich kenne einen Kollegen, der seinen Freundinnen an diesem feuchten, dunklen Ort stets seine unsterbliche Liebe offenbarte; immer wieder mit beträchtlichem Erfolg, eine todsichere Nummer sozusagen. Heute ist er ganz normal und lebt mit Frau und Kindern in Köpenick.

Im Jahr seines Todes 1811 aber schrieb der Dichter Heinrich von Kleist seine »Verlobung in St. Domingo«, eine Geschichte über Gewalt, Liebe und Verrat, die damit endet, dass ein Verlobter seine Verlobte erschießt, weil er sich – irrtümlicherweise – von ihr betrogen fühlt. Als er seinen schrecklichen Irrtum bemerkt, richtet er sich selbst. Der vom unglücklichen Paar gerettete Herr Strömli lässt den beiden in seinem Garten ein Denkmal setzen. Ich hätte Omphalodes neben den Stein gepflanzt, weil es im Schatten gut gedeiht. Hierzulande kennt man das hellblaue Blümchen als Gedenkemein, aber in seinem Garten sollte jeder machen, was er will. So könnte man Kleists kurz vor seinem Selbstmord veröffentlichte Novelle auch als geheimen Fingerzeig verstehen: Dass er und Henriette Vogel nämlich in einem Garten begraben werden wollten und nicht etwa in so einem feuchtdunklen Biotop am Stolper Loch, in das sich kaum jemand verirrt – außer nekrophile »taz«-Autoren zwecks Brautwerbung vielleicht. Aber wer weiß das schon.

Ich weiß aber: Das Leben im Schatten der Mauer war trotz düsterer Tagesmeldungen für die West-Berliner eine sonnige Sache. Nun dürfen wir endlich ins Offene, Freund, vorbei an Liebermanns Garten, Kleists Grab und Einsteins Sommerhaus. Nun scheint die Sonne auf unseren Schrebergarten in Caputh. Wenn meine Frau Anjana sich unter dem Blätterdach unseres 30 Jahre alten Kirschbaums am kleinen Eschentisch in ihr beständig wachsendes Kafka-Manuskript versenkt, alle halbe Stunde zu mir herüberlächelt, weil sie den Gärtner in mir noch sogar ein bisschen mehr liebt als den Journalisten; und wenn ihr dann, unter dem Kirschbaum in Caputh, wieder ein Licht aufgeht über das viel zu kurze und atemberaubende Leben des Franz K. und sie diesen Gedanken postwendend auf einem DIN A3 Bogen festhält, bevor er davon fliegen kann wie die im Lavendel stöbernden Schmetterlinge bei Regen; wenn sich Indira, Anjanas Tochter, unser Kind, auf der vergilbten Hollywoodschaukel breit macht und die letzten Bilder der neuesten Folge von »Eli Stone« über den iPod geflattert sind und sie dann von mir wissen will, warum das Wasser aus Eiswürfelbeuteln nicht mehr heraus läuft, wenn es erst mal drin ist, und ich, zwischen Unkrautbekämpfung und Kompostverwaltung, bar jeder sofort abrufbaren physikalischen Grundkenntnis, eine plausible Antwort mobilisieren muss und irgendetwas über eine Membran vor mich hin philosophiere; wenn ich außerdem noch ein paar neue Pflänzchen Fingerhut und blaue Lilien entdecke, die sich aussäen, wie sie gerade wollen, und deshalb nie verschwinden werden – dann bin ich glücklich. Punkt.